Nürnberg –
Ort der Reichsparteitage

Inszenierung, Erlebnis
und Gewalt

Ausstellungskatalog
des Dokumentationszentrums Reichsparteitagsgelände

für die Museen der Stadt Nürnberg
herausgegeben von Martina Christmeier und Melanie Wager

Schriftenreihe der Museen der Stadt Nürnberg, Band 23
herausgegeben von Thomas Eser

Dieser Katalog wurde gefördert von: Stiftung zur Unterstützung
des Dokumentationszentrums Reichsparteitagsgelände

Museen der
Stadt Nürnberg
NÜRNBERG
Dokumentationszentrum
Reichsparteitagsgelände

Das ehemalige Reichsparteitagsgelände in Nürnberg ist das größte erhaltene Ensemble nationalsozialistischer Staats- und Parteiarchitektur in der Bundesrepublik Deutschland. Seine Bauten zeugen vom Macht- und Überlegenheitsanspruch des *Dritten Reichs*. Von 1933 bis 1938 fanden hier Großveranstaltungen statt, die den jährlichen Höhepunkt der nationalsozialistischen Propaganda bildeten und an denen Hunderttausende von Parteimitgliedern und Schaulustigen teilnahmen. Während des Reichsparteitages 1935 wurden die sogenannten *Nürnberger Gesetze* verkündet, welche die Verfolgung der Juden und anderer Minderheiten im Deutschen Reich institutionalisierten. Der Name der Stadt steht somit sinnbildlich für den Ort der NS-Täter, Unterstützer und Mitläufer.

Mit der Gründung des Dokumentationszentrums Reichsparteitagsgelände im Jahr 2001 bekannte sich die Stadt Nürnberg zu einer kontinuierlichen Auseinandersetzung mit der belasteten Geschichte des Ortes. Die Ausstellung *Nürnberg – Ort der Reichsparteitage. Inszenierung, Erlebnis und Gewalt* setzt hierfür den narrativen Rahmen, indem sie die wechselvolle Geschichte des „Geländes" vom Ende des Ersten Weltkriegs bis heute nachvollzieht und in den Kontext der gesellschaftlichen Kämpfe um die politische Ordnung Deutschlands im 20. Jahrhundert, der Verbrechen des NS-Regimes und der zögerlichen Aufarbeitung der nationalsozialistischen Vergangenheit in der Bundesrepublik stellt.

Organisation und Choreographie der Reichsparteitage dienten der Selbstinszenierung des NS-Regimes: Führerkult, militärisches Gepränge und die vielfach beschworene Utopie einer homogenen und zugleich rassistisch-exklusiven *Volksgemeinschaft* bedienten die Sehnsucht vieler Deutscher nach nationaler Größe und ließen zugleich den radikalen Charakter des Regimes immer wieder hervortreten. Die Ausstellung geht den Gründen für die Popularität der NS-Diktatur nach und wirft einen genauen Blick auf die soziale Praxis am Beispiel der Nürnberger Stadtgesellschaft. Im Kontrast hierzu stellt sie aber auch das Schicksal der Opfer dar: im Zweiten Weltkrieg wurden Zehntausende von Kriegsgefangenen und Zwangsarbeitern auf dem Gelände gefangen gehalten; die regionale jüdische Bevölkerung wurde zur Ermordung von hier in das polnische Besatzungsgebiet deportiert.

Auch der lange Prozess der gesellschaftlichen Liberalisierung nach 1945 wird exemplarisch sichtbar im mühevollen und widersprüchlichen Umgang Nürnbergs mit dem Areal und den monumentalen Bauruinen. Zugleich ist mit der zeitlichen Entfernung zum historischen Geschehen auch ein signifikanter Wandel in der Erinnerungskultur zu beobachten: von der um demonstrative Distanzierung von der Zeit des Nationalsozialismus bemühten Haltung der Nachkriegsgeneration zu einer nüchtern-gelassenen, teilweise auch ironischen, Rezeption durch junge Menschen heutzutage.

Hier neue Einblicke in die Geschichte und Ansätze für die eigene Reflexion zu ermöglichen, ist zweifellos ein Verdienst der Ausstellung. Den Kuratorinnen und allen an der Realisierung des Projektes Beteiligten sei hierfür herzlich gedankt.

Florian Dierl,
Leiter des Dokumentationszentrums Reichsparteitagsgelände

Foto: Dokumentationszentrum Reichsparteitagsgelände/Martina Christmeier

Nach Ansicht der Daten teilen wir Ihnen hiermit mit, dass wir ein solches Motiv auf keinen Fall drucken werden, lautete die Antwort auf die Bestellung eines Lenticulardrucks für die Interimsausstellung des Dokumentationszentrums. Diese für Ausstellungen eher ungewöhnliche Technik ermöglicht es, je nach Blickwinkel, zwei Motive „in einem Bild" zu verbinden: Konkret sollten eine Propagandapostkarte und ein Foto von KZ-Häftlingen die beiden grundlegenden Elemente der nationalsozialistischen Vision von *Volksgemeinschaft* – Inklusion und Exklusion – veranschaulichen.

Die Sensibilität der Spezialdruckfirma und die mit der Absage verbundene klare Ansage gegen Rechts sind vorbildlich. Eine solche gesellschaftliche Aufmerksamkeit zu fördern und ein kritisches Bewusstsein im Umgang mit Bildern zu schaffen ist ein wichtiges Ziel unserer Arbeit im Dokumentationszentrum. Für unser Ausstellungsprojekt konnten wir den musealen Kontext und die wissenschaftliche Verwendung der Aufnahmen selbstverständlich darlegen. Der Lenticulardruck bereichert nun die Präsentation und soll die Diskussion über Einsatz und Wirkung von konstruierten Bildern anstoßen – im digitalen Zeitalter wichtiger denn je.

Dieser Vorgang ist nur ein Beispiel für die kuratorischen Ansätze, für die wir uns bei der Konzeption der Ausstellung *Nürnberg – Ort der Reichsparteitage* entschieden haben: Wir erzählen die Geschichte des Ortes, ohne die konstruierten Bilder der NS-Propaganda und deren beabsichtigte Wirkung weiterzutragen. Statt offizieller NS-Aufnahmen setzen wir Amateurfotos ein, die andere Blicke auf die Massenveranstaltungen eröffnen. Bei Propagandaaufnahmen legen wir Entstehungskontext, Konstruktion und Absicht offen. Bewusst verzichten wir auch auf zeitgenössische Modellbilder, da sie in propagandistischer Absicht verwendet wurden und Monumentalbauten zeigen, die niemals fertig gestellt wurden. An ihrer Stelle stehen Fotos der Baustellen.

Neben dem kritischen Umgang mit Bildern ist es uns ein zentrales Anliegen, Menschen in den Mittelpunkt zu rücken. Biografien zeigen eine vielstimmige Gesellschaft – auch im Nationalsozialismus. Personen unterschiedlichster Altersstufen und Herkunft schildern ihre individuelle Wahrnehmung der Zeit, angefangen beim *Nürnberg-Erlebnis* im Rahmen der Reichsparteitage über gesellschaftliche Radikalisierung bis hin zu vielfältigen Gewalterfahrungen im Krieg.

Anders als bisher stellen wir zudem Akteure und Ereignisse vor Ort in den Fokus. Die nationale Geschichte sowie die Zeit des Krieges werden aus der lokalen Perspektive heraus entwickelt. Gleichzeitig wird der Einfluss des nationalen Großereignisses auf Nürnberg und seine Einwohner verdeutlicht, der sich nicht zuletzt in dem Selbstverständnis als *Stadt der Reichsparteitage* manifestiert.

Wir möchten Sie einladen, diesen Weg mit uns zu gehen und tradierte (Geschichts-)Bilder zu hinterfragen.

Martina Christmeier, Nina Lutz und Melanie Wager

Topografie im Wandel –
Das Reichsparteitagsgelände
von den Anfängen bis heute

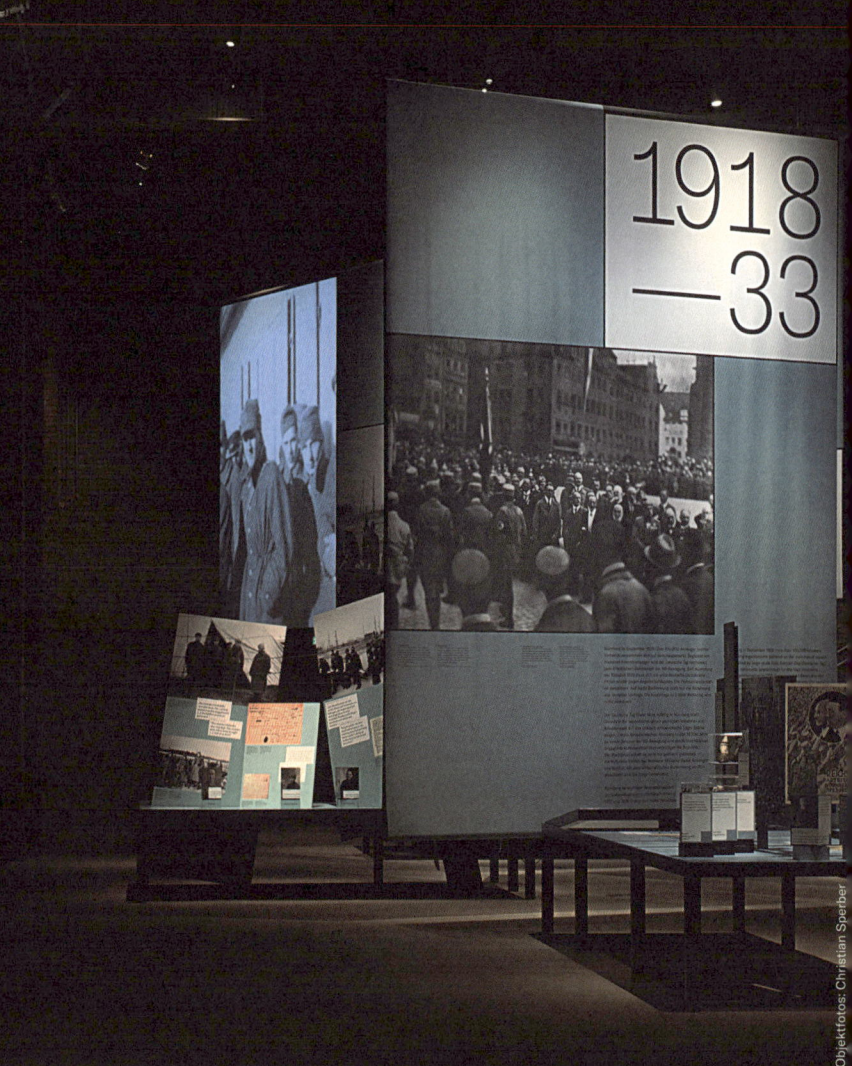

Dokumentationszentrum Reichsparteitagsgelände/Objektfotos: Christian Sperber

Topografie im Wandel

Luitpoldhain

1906 – Errichtung von Festhalle und Park zur Bayerischen Landesjubiläumsausstellung

Schauplatz von Großveranstaltungen

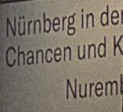

Kongresshalle

1935: Baubeginn der neuen, größeren Halle für den Parteikongress

1941: Kriegsbedingte Einstellung der Arbeiten, Kongresshalle bleibt ein Rohbau

Nationalsozialistische Vision
des Gesamtgeländes

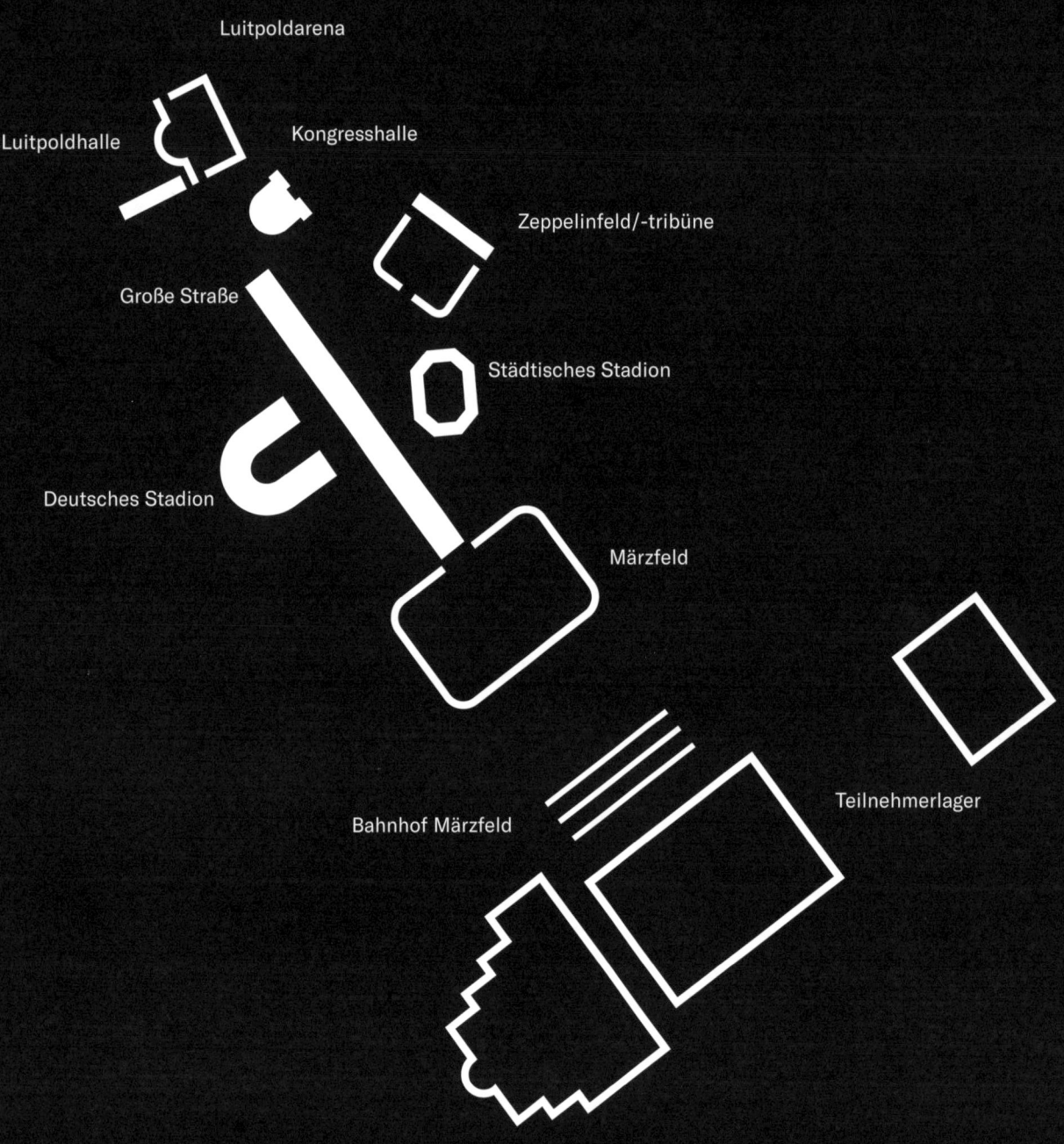

Luitpoldarena

Luitpoldhalle

Kongresshalle

Zeppelinfeld/-tribüne

Große Straße

Städtisches Stadion

Deutsches Stadion

Märzfeld

Bahnhof Märzfeld

Teilnehmerlager

Baubeginn	1905	Entwurf unbekannt
Erreichter Bauzustand	1906	Fertigstellung
	1937	Fassadenverblendung für die Parteitage, Entwurf Albert Speer
Nutzung 1933–1938		Parteikongress der NSDAP, Tagungen
Umgang nach 1945	1945	Zerstörung durch Bombentreffer
	1950	Beseitigung bis auf Treppenanlagen
Heute		Parkplatz

Baubeginn	1934	Entwurf Walter Brugmann/Julius Schulte-Frohlinde
		Baubestand Ehrenmal von 1930, Entwurf Fritz Mayer
Erreichter Bauzustand	1937	Fertigstellung
Nutzung 1933–1938		Appell der SA und SS mit Totengedenken und Fahnenweihe
Umgang nach 1945	1959	Sprengung der Tribünenanlage, Rückbau zur Parkanlage, Bestandserhaltung Ehrenmal
	1960–1963	Bau der Meistersingerhalle
Heute		Gedenkveranstaltungen am Ehrenmal, Open-Air-Konzerte im Park, Veranstaltungen in der Meistersingerhalle

1938/39

2020

Baubeginn	1935	Entwurf Ludwig Ruff
Erreichter Bauzustand	1941	Teilfertigstellung Rohbau ohne Dach
Geplante Nutzung		Parteikongress der NSDAP
Umgang nach 1945	1949/50	Nutzung als Ausstellungsbau
	seit 1950	Vermietung als Lagerfläche an Firmen und Vereine
	seit 1963	Probensaal des Fränkischen Landesorchesters
	1969	Millioneninvestition in Gebäudeerhalt
	1972–2006	Lager des Versandhauses Quelle
	seit 2001	Dokumentationszentrum Reichsparteitagsgelände
Heute		Konzertsaal der Nürnberger Symphoniker, Open-Air-Bühne im Serenadenhof, Dokumentationszentrum Reichsparteitagsgelände, Lager

1937/38

2020

Baubeginn	1934	Entwurf Albert Speer
Erreichter Bauzustand	1937	Fertigstellung Haupttribüne und Wallanlagen
Nutzung 1933–1938	ab 1934	Vorführungen der Wehrmacht, Appell des Reichsarbeitsdienstes, Appell der Politischen Leiter (ab 1936 mit *Lichtdom*)
	1938	Sport- und Tanzvorführungen verschiedener Gruppierungen
Umgang nach 1945	1945	Sprengung des Hakenkreuzes
	1950/60er	Nutzung als *Soldiers' Field* durch US-Army
	1967/1976	Sprengung der Pfeilerreihen, Abtragung der Seitenteile
	1984–2001	Ausstellung *Faszination und Gewalt*
	2000er	Beschluss zum Erhalt der Gesamtanlage
Heute		vielfältige Nutzung für Freizeit, Sport und Musik

| | 1937 | 2020 |

Baubeginn	1926	Entwurf Otto Ernst Schweizer
Erreichter Bauzustand	1928	Fertigstellung
	1937	Holzaufbauten für die Parteitage
Nutzung 1933–1938		Appell der Hitler-Jugend
Umgang nach 1945	bis 1961	Sportstätte der US-Army
	1963–2006	mehrfache Erweiterung und Modernisierung, dabei Einsturz der denkmalgeschützten Haupttribüne
Heute		Spielstätte des 1. FCN, Konzerte

| | 1945 | 2020 |

Baubeginn	1937	Entwurf Albert Speer
Erreichter Bauzustand	1942	Teilaushub Baugrube
Geplante Nutzung		Nationalsozialistische Kampfspiele
Umgang nach 1945	1950er	mit Wasser vollgelaufene Baugrube, Trümmerschutthalde
Heute		Naherholungsgebiet Silbersee und Silberbuck

Topografie im Wandel

Große Straße

1938/39

2020

Baubeginn	1935	Entwurf Albert Speer
Erreichter Bauzustand	1939	Teilfertigstellung von 1,5 der geplanten 2 km
Geplante Nutzung		Aufmarschstraße für die Wehrmacht
Umgang nach 1945	bis 1968	Nutzung als Flugplatz durch US-Army
	1990er	Sanierung des Plattenbelags, Verfall der Stehtribünen
Heute		Großparkplatz

Märzfeld

1944

2020

Baubeginn	1938	Entwurf Albert Speer
Erreichter Bauzustand	1940	Teilfertigstellung der Tribünenanlage mit 11 von 24 Tribünentürmen
Geplante Nutzung		Schaumanöver der Wehrmacht
Umgang nach 1945	bis 1960er	Nutzung als Depot durch US-Army
	1966/67	Sprengung der Tribünentürme
	ab 1972	Wohnbebauung
Heute		Stadtteil Langwasser

Große Straße: Dokumentationszentrum Reichsparteitagsgelände Ph-0755-09 und D-0310-09/Nürnberg Luftbild Hajo Dietz   Märzfeld: Bildarchiv Foto Marburg Lm00000 und Dokumentationszentrum Reichsparteitagsgelände

1945

2020

Baubeginn	1937	Entwurf Albert Speer
Erreichter Bauzustand	1938	Teilfertigstellung mit zwei Gleisen
Nutzung 1933–1945	1938	Eröffnung als Haltepunkt; keine Nutzung bei Parteitagen
	ab 1939	An- und Abtransport von Kriegsgefangenen und Zwangsarbeitern
	1941/42	Deportation nordbayerischer Juden
Umgang nach 1945	bis 1988	Nutzung für Personenverkehr
Heute		Verfall des stillgelegten Bahnhofs

1937

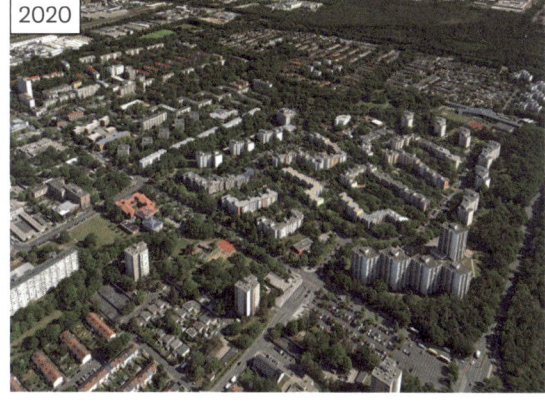

2020

Baubeginn	1935/36	
Erreichter Bauzustand	1939	Teilfertigstellung Lager mit Infrastruktur
Nutzung 1933–1945	1933–1939	Teilnehmerlager für SA, SS, Hitler-Jugend und Reichsarbeitsdienst
	1939–1945	Kriegsgefangenen- und Zwangsarbeiterlager, Sammellager zur Judendeportation
Umgang nach 1945	1945–1960	Amerikanisches Internierungslager, Lager für Displaced Persons und Flüchtlinge
	ab 1950er	Wohnbebauung
Heute	Stadtteil Langwasser	

Topografie im Wandel

Bahnhof Märzfeld: Geobasisdaten: Bayerische Vermessungsverwaltung und Dokumentationszentrum Reichsparteitagsgelände □□□□/□□, Nürnberg Luftbild nare □□□□. | Teilnehmerlager: Dokumentationszentrum Reichsparteitagsgelände un Nürnberg Stadt □ und □ □ □□□ □□ Nürnberg, Geobasisdaten: Bayerische Vermessung.

„Deutscher Tag"
Verschiedene vaterländische und völkische
Verbände präsentieren sich 1923 unter dem Jubel
zahlreicher Ehrengäste aus Politik, Adel und Militär
auf dem Hauptmarkt in Nürnberg. Die führenden
Protagonisten der jungen NSDAP, Adolf Hitler und
Julius Streicher, sind an vorderster Stelle dabei.

← *Deutscher Tag* 1923
Bayerische Staatsbibliothek München/Bildarchiv
Fotoarchiv Hoffmann F.12

1918
—33

Nürnberg in der Weimarer Republik – Chancen und Krisen

1918 —33 Nürnberg in der Weimarer Republik – Chancen und Krisen

Nürnberg im September 1923: Über 100.000 Anhänger rechter Verbände versammeln sich auf dem Hauptmarkt. Begleitet von massiven Ausschreitungen wird der *Deutsche Tag* reichsweit zum öffentlichen Durchbruch der NS-Bewegung. Seit Ausrufung der Republik 1918 muss sich die erste deutsche Demokratie immer wieder gegen Angriffe behaupten. Die Parteienlandschaft ist zersplittert. Auf breite Zustimmung stößt nur die Ablehnung des Versailler Vertrags. Die Niederlage im Ersten Weltkrieg wird nicht akzeptiert.

Der *Deutsche Tag* findet nicht zufällig in Nürnberg statt: Gerade in der sozialdemokratisch geprägten Industrie- und Arbeiterstadt will das völkisch-antisemitische Lager Stärke zeigen. Lokale Akteure machen Nürnberg in den 1920er Jahren zu einem Zentrum der NS-Bewegung und des Antisemitismus. Engagierte Kommunalpolitiker verteidigen die Republik. Die Stadtgesellschaft ist nicht nur politisch gespalten – die kulturelle Vielfalt der Weimarer Moderne findet Anhänger und Kritiker. Mit dem wirtschaftlichen Aufschwung ab 1924 stabilisiert sich die junge Demokratie.

Nürnberg ist wichtiger Veranstaltungsort: 1920 feiert die Sozialdemokratie im Luitpoldhain einen großen Parteitag. 1927 und 1929 finden dort frühe Parteitage der NSDAP statt.

„Deutscher Arbeiterjugendtag"
Bewusst fällt die Wahl der Sozialistischen Arbeiterjugend auf die traditionelle Arbeiterstadt Nürnberg als Veranstaltungsort für ihren Reichsjugendtag. Singend und mit klarem Bekenntnis zur Republik ziehen 1923 über 50.000 junge Frauen und Männer durch die Altstadt.

← *Deutscher Arbeiterjugendtag* 1923
Archiv der Arbeiterjugendbewegung

Nürnberg in der Weimarer Republik – Chancen und Krisen

Stadtgesellschaft im Umbruch

Ringen um die Republik

Von Anfang an hat die erste Demokratie Deutschlands einen schweren Stand: Massive Gewalterfahrungen im Ersten Weltkrieg und antidemokratische Prägungen maßgeblicher Teile der Gesellschaft führen zu radikalen Protesten gegen die Weimarer Republik – von links und von rechts. In Nürnberg wird der politische Kampf beim *Deutschen Tag* 1923 auf der Straße und in den Fabriken ausgetragen. Es gibt einen Toten und zahlreiche Verletzte.

Die Arbeiterbewegung ist alarmiert und befürchtet den Sturz der Republik durch völkische Verbände. Tatsächlich folgt der Hitler-Putsch Anfang November in München – und scheitert. Die Hauptakteure werden inhaftiert und die NSDAP verboten. Zum Schutz der Republik gründen die demokratischen Parteien Anfang 1924 den reichsweiten Wehrverband *Reichsbanner Schwarz-Rot-Gold*.

Gegen die Republik
Der 1918 gegründete deutschnationale Wehrverband *Stahlhelm, Bund der Frontsoldaten* lehnt den Versailler Vertrag ab und bekämpft auch in Nürnberg die Weimarer Republik. Symbole wie Stahlhelm und Kriegsflagge nehmen deutlich Bezug auf Kaiserreich und Ersten Weltkrieg.

↑ Abzeichen um 1930
Garnisonmuseum Nürnberg/Objektfoto: Rudi Ott

Polizeibericht
1923 ist der politische Kampf in Nürnberg allgegenwärtig. Der Polizeibericht zum *Deutschen Tag* listet die gewaltsamen Ausschreitungen von links und rechts auf. Geringste Anlässe führen zu massiven Konflikten.

→ Polizeibericht 1923
Stadtarchiv Nürnberg C 7/I Nr. 2982

öffentlichen Personenkraftwagen II N 555 am Bahnhofplatz gegen
das Sterntor zu. Nächst des Prinzregentendenkmals begegneten
ihnen ein Zug Nationalsozialisten, worauf Früh und Ernst aus dem
Auto riefen: " Jhr Arschlöcher ". Hierauf sprangen etwa 4 - 6
Nationalsozialisten, darunter der led.Kaufmann Hans S t e i n -
k i r c h n e r , wohnhaft in Markt-Bibart, auf das Auto und schlugen einige Fenster ein. Hierauf schlugen sie mit Totschlägern
und Stöcken auf Früh und Ernst ein. Lebensgefährliche Verletzungen haben die beiden nicht erlitten. Der Haupttäter Steinkirch-
ner wurde zur Polizeiwache IX verbracht, wobei bei der körperlichen Durchsuchung ein Revolver vorgefunden wurde. Dieser Revolver wurde beschlagnahmt und wird mit Anzeige eingeliefert. Dem
Besitzer des Personenkraftwagens entstand ein Schaden von etwa
20 Millionen Mark.

Nachmittags gegen 9 Uhr ging der led.25 Jahre alte Arbeiter Hans W a l z , Gugelstraße Nr.112/II, Angehöriger der
Hakenkreuzler, durch die Tafelfeldstraße stadtauswärts. Unge-
fähr 12 Personen, wahrscheinlich Kommunisten, die auf der ent-
gegengesetzten Straßenseite stadteinwärts gingen, sprangen
plötzlich auf Walz zu, warfen ihn auf den geklinkerten Geh-
steig und gingen dann eilig davon. Walz dürfte durch den Fall
nach Angabe des Herrn Dr.Obermeier vermutlich eine Gehirner-
schütterung oder einen leichten Schädelbruch erlitten haben und
wurde von der Mannschaft der Sanitätswache in das städt.Kranken-
haus verbracht. Ob Lebensgefahr besteht, ist noch nicht festge-
stellt bezw. noch nicht bekannt. Die Täter sind unbekannt.

Nachmittags gegen 9.30 Uhr wurde im Cafe Königshof in
der Königstraße Nr.85, von dortigen Gästen das Deutschlandlied
gesungen. Es erhoben sich deshalb sämtliche Gäste mit Ausnahme
des ledigen 18 Jahre alten Gütlers Leonhard S c h a t z , wohnh.
in Fürth i./B., Blumenstraße Nr.4, von ihren Plätzen. Schatz
wurde aufgefordert, sich zu erheben und da er dies nicht tat,
wurde er von mehreren unbekannten Tätern mit der flachen Hand
ins Gesicht geschlagen. Auch wurden ihm die Nähte von seinem
Anzug, als er von unbekannten Personen aus dem Lokal hinausge-
schoben wurde, etwas aufgerissen. Schatz erklärte, daß er keinen Strafantrag stelle und daß er die Täter nicht mehr erkennen
werde.

Nachmittags gegen 10.30 Uhr stand eine größere Anzahl
– etwa 80 Mann – vor der Wirtschaft zur grünen Eiche, mittl.
Bleiweisstraße Nr.12, welche beabsichtigten, gegen die Wirtschaft, in welcher sich Nationalsozialisten als Gäste befanden,
gewaltsam vorzugehen. Beim Eintreffen der gerufenen Polizei-
mannschaft zerstreuten sich zum Teil die angesammelten Personen.

Nummer 197   Nürnberg-Fürth, Mittwoch, 29. August 1923

Genossen und Genossinnen!

Die Tage des **1. und 2. Septembers**, die bisher in Nürnberg dem Gedenken der **Gefallenen im Weltkriege** gewidmet waren, sollen in diesem Jahre von gewissenlosen Hetzern zu einem

nationalistisch-monarchistischen Rummel

benutzt werden.

Kein ehrlicher Freund des deutschen Volkes kann irgendwelchen reaktionären Plänen stillschweigend zusehen.

Die zuständigen Instanzen der Arbeiterbewegung

haben deshalb beschlossen, jedem Arbeiter und jeder Arbeiterin, jedem Republikaner, jedem Anhänger einer Gesundung unserer darniederliegenden Volkswirtschaft **zur Pflicht zu machen**, der Veranstaltung der **militaristisch-nationalistischen Drahtzieher**

fernzubleiben!

Die Arbeiterschaft muß am 1. und 2. September durch ihr Fernbleiben von den Veranstaltungen den **Anhängern der Rathenaumörder**, den Saboteuren des heldenmütigen Kampfes unserer **Ruhr**bevölkerung bekunden, daß die **Nürnberger Arbeiterschaft** mit

dem Treiben der Nationalisten

nichts zu tun haben will.

Damit die Arbeiterschaft und die Anhänger der Republik aber **nicht** unvorbereitet nationalistischen und separatistischen Plänen gegenüberstehen, haben die verantwortlichen Instanzen der Arbeiterbewegung **eine Reihe von Maßnahmen** getroffen, über die die einzelnen Organisationen noch nähere Anweisungen ergehen lassen.

Die Mitglieder des **S. O. D.** in allen Städten und Ortschaften **Bayerns** haben am 1. und 2. September **Alarmbereitschaft.** Zu einer **Propagandafahrt** nach

Neustadt, Ipsheim, Windsheim, Kadolzburg, Spalt, Georgensgmünd, Feucht, Altdorf, Mkt. Bibert, Scheinfeld-Burghaslach, Iphofen, Mainbernheim, Marktbreit, Unter- und Oberferrieden, Hersbruck, Sulzbach, Eschenau, Forth und Gräfenberg, Rupprechtstegen-Velden-Simmelsdorf, Rollhofen-Schnaittach, Kirchsittenbach, Gunzenhausen, Wassertrüdingen, Uffenheim, Simmershofen, Rothenburg o. T.-Dombühl, Pleinfeld-Ellingen, Hilpoltstein-Greding, Eichstätt, Eltersdorf, Tennenlohe, Kraftshof werden Samstag und Sonntag 10 Abteilungen von **Nürnberg,** sowie **Erlangen, Fürth, Würzburg, Schweinfurt, Aschaffenburg, Bamberg und Bayreuth** abgeordnet.

Nähere Anweisung über Treffpunkt und Abfahrt sowie Materialausgabe erfolgt durch die mit der Führung beauftragten Genossen.

Genossen und Genossinnen! Die Maßnahmen der mit der Leitung beauftragten Instanzen müssen **unbedingt und restlos befolgt werden.** Klärt auch die **Neugierigen** auf!

Kein Genosse darf auf eigene Faust irgend etwas unternehmen.

Diejenigen Abteilungen, die **nicht** aufgerufen werden, haben **in Nürnberg zu bleiben** und treffen sich mit den Genossen und Familienangehörigen der Distrikte auf den **Sportplätzen unserer Arbeiter-Turnvereine,** woselbst Veranstaltungen der Turner und Sänger stattfinden.

Genossen und Genossinnen, haltet strengste Disziplin!

Die Parole am Samstag und Sonntag lautet:

„Fernbleiben von den nationalistischen Veranstaltungen und unbedingtes Befolgen der Anordnungen der Zentralleitung."

Aufruf der SPD
Drohender Bürgerkrieg: Im August 1923 ruft die SPD
ihre Genossen auf, die Republik auf legalem Weg
zu verteidigen und den Veranstaltungen der Völkisch-
Nationalen am *Deutschen Tag* demonstrativ fern-
zubleiben. Nicht alle halten sich daran.

↑ Fränkische Tagespost 29.8.1923
Stadtarchiv Nürnberg C 7/I Nr. 2982

Bekenntnis zur Republik
Im Juni 1928 gründet sich die Nürnberger Abteilung
Eibach-Röthenbach des demokratischen Wehr-
verbands *Reichsbanner Schwarz-Rot-Gold.* Mit der
selbstgenähten Fahne demonstrieren die Mitglieder
öffentlich ihre demokratische Haltung.

← Banner 1928
Privatbesitz Familie Lämmermann/Objektfoto: Tim Hufnagl

Stadtgesellschaft im Umbruch

Zwischen Dix und Dürer

Mitte der 1920er Jahre kommt die Moderne in Nürnberg an: Zunehmend bildet sich ein liberaler Zeitgeist als Gegengewicht zur konservativen Geisteshaltung des Kaiserreichs heraus. Die Stadtgesellschaft streitet über Architektur und Kunst, über Tradition und Avantgarde. Trotz der Vorbehalte bürgerlicher Kreise entwickelt sich auch in der Großstadt Nürnberg die Populärkultur in Gestalt von Film und Varieté.

Mit dem Anspruch auf demokratische Bildung für alle eröffnet 1921 die Volkshochschule. Oberbürgermeister Luppe setzt mit der Beleuchtung historischer Sehenswürdigkeiten neue Akzente im Stadtmarketing. Das Dürerjahr 1928 ist ein kultureller Höhepunkt, Luppe kauft dafür gezielt zeitgenössische Kunst an. 1930 wird Nürnbergs erstes Hochhaus eingeweiht. Der sechsstöckige Stahlbetonbau, Verlagshaus der sozialdemokratischen *Fränkischen Tagespost*, ist ein lokales Beispiel für das Neue Bauen.

Ankauf der Stadt
Mit dem Erwerb von Otto Dix' Bildikone der Neuen Sachlichkeit setzt die Stadt im Dürerjahr Zeichen. Das 1925 gemalte *Bildnis der Tänzerin Anita Berber* steht für den ausschweifenden Lebensstil im Berlin der 1920er Jahre.

→ Otto Dix: *Bildnis der Tänzerin Anita Berber* 1925
VG Bild-Kunst

Neues Bauen
1930 wird das markante Verlagsgebäude der *Fränkischen Tagespost* eingeweiht. Anders als beim zuvor eröffneten Kaufhaus des jüdischen Unternehmers Salman Schocken sind die sachlich nüchterne Fassade und die neuartige Beleuchtung hier kaum mehr umstritten.

↑ Gebäude *Fränkische Tagespost* vor 1933
Archiv Fränkische Verlagsanstalt

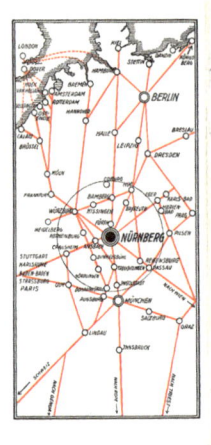

Traditionelle Werbung
In die Werbung zum Dürerjahr 1928 hält die Moderne keinen Einzug. Hier dominieren weiterhin die traditionellen Nürnberg-Motive aus der Altstadt.

↑ Werbeprospekt 1928
Dokumentationszentrum Reichsparteitagsgelände DZA-0109

Krisenfaktor Wirtschaft

1923 befindet sich die Republik in einer akuten Wirtschaftskrise. Hohe Staatsschulden zur Bewältigung der Kriegsfolgen und innere Unruhen führen zum rasanten Verfall der Währung. Weite Teile der deutschen Bevölkerung verarmen. Erst die Währungsreform im November 1923 kann die Hyperinflation beenden. Deutschland ist wieder zahlungsfähig. Langsam erholt sich die Wirtschaft, bleibt aber unter Vorkriegsniveau. Die Menschen suchen verstärkt Ablenkung in Konsum und Unterhaltung.

Der Zusammenbruch der New Yorker Börse im Oktober 1929 beendet diesen Aufschwung abrupt. Mit der Weltwirtschaftskrise sinken die Löhne massiv, Armut und Kriminalität steigen sprunghaft an. In Nürnberg melden viele Firmen Insolvenz an. Erneut gefährden radikale Proteste von links und rechts die demokratische Ordnung in ganz Deutschland.

Wirtschaftlicher Aufschwung

Die verbesserte wirtschaftliche Situation ab 1924 ermöglicht der breiten Bevölkerung eine ganz neue Art von Konsum. In Nürnberg eröffnen Mitte der 1920er Jahre neue Warenhäuser wie das Kaufhaus Schocken. Der moderne Bau wird bis in bürgerliche Kreise heftig diskutiert.

← Eröffnung Kaufhaus Schocken 1926
Stadtarchiv Nürnberg A 34-1966

Nürnberger Notgeld

Mitte 1923 druckt die Stadt Nürnberg eigenes Notgeld als Ersatz für fehlende staatliche Zahlungsmittel. Meist vertraut die Bevölkerung dem von Städten und Gemeinden zur Bekämpfung der Hyperinflation ausgegebenen Geld mehr als der offiziellen Währung.

← Verschiedene Notgeld-Scheine 1923 (Replik)
Dokumentationszentrum Reichsparteitagsgelände DZA-0110/
Objektfoto: Martina Christmeier

Weltwirtschaftskrise 1929

Arbeiter aus Nürnberg erinnern sich an die große Not.

Joseph Blöth

„Ich habe mit zehn Mark die Woche die Wohnung bezahlen müssen und Essen. Habe manche Tage, viele Tage, nichts zu essen gehabt. […] man [hat] wirklich sich nie sattessen können."

Hans-Ulrich Baier

„Ich habe ja nicht einmal Erwerbslosenunterstützung gekriegt. Ich habe […] jede Gelegenheitsarbeit angepackt. Ich habe mich früh um vier, halb vier, an der Spittlertormauer hingestellt, daß ich's Schneeschippen von der Stadt habe machen können."

Interviews aus den 1980er Jahren
Museum Industriekultur

Stadtgesellschaft im Umbruch

Lokaler Machtkampf

Wehrhafte Demokratie

Das demokratische Nürnberg hat viele Gesichter: Frauen wie Männer stellen sich gegen die Feinde der Republik. Zwischen den politischen Lagern tobt ein erbitterter Kampf um Wählerstimmen. Insbesondere der liberale Oberbürgermeister Hermann Luppe ist unablässig den Verleumdungskampagnen des NSDAP-Vorsitzenden Julius Streicher ausgesetzt. Der überzeugte Demokrat wehrt sich in mehreren Prozessen. Mit moderner Sozialpolitik und großangelegtem städtischen Wohnungsbau erzielt Luppe überregional beachtete Erfolge.

Und doch etablieren sich mit dem Wahljahr 1924 die antidemokratischen Kräfte. Die NSDAP zieht in den Nürnberger Stadtrat ein – und mit Streicher und Parteigenossen eine massive Störpolitik. Nur durch neue Sanktionen wie Wortentzug und Saalverweis gelingt es Luppe, den Stadtrat bis 1933 arbeitsfähig zu halten.

Demonstration für die Republik
Widerstand gegen die NSDAP bis zum Schluss:
Die demokratischen Vereinigungen *Eiserne Front*
und *Reichsbanner Schwarz-Rot-Gold* mobilisieren
im Februar 1933 auf dem Nürnberger Hauptmarkt
60.000 Teilnehmer.

↑ Hauptmarkt kurz vor der lokalen Machtübernahme 1933
Stadtarchiv Nürnberg E 33/III Nr. 74b

Hermann Luppe auf einer Portraitpostkarte 1920er Jahre

„Und die Zukunft gehört doch dem demokratischen Gedanken!"

↗ Stadtarchiv Nürnberg E 10/18 Nr. 28_1
→ Hermann Luppe o.J., Stadtarchiv Nürnberg E 10/18 Nr. 28_1

Friseur: *Sonst noch was zu Diensten, Herr Oberbürgermeister?*
Oberbürgermeister: *Jawohl! Rasieren! Die Karikaturen im Stürmer habe ich satt, an meinem Bart kennt mich jeder Mensch.*
Friseur: *Aha, verstehe! Deshalb war heute Morgen auch schon Herr Doktor Süßheim hier.*

Hermann Luppe
1874–1945

Der Jurist Dr. Hermann Luppe kommt 1920 aus Frankfurt als Oberbürgermeister nach Nürnberg. Als Gründungsmitglied der liberalen Deutschen Demokratischen Partei und Mitglied des *Reichsbanners Schwarz-Rot-Gold* setzt er sich kompromisslos für die Weimarer Republik ein. Im Rathaus arbeitet er mit der SPD-Stadtratsfraktion zusammen und stellt sich entschieden gegen die NSDAP-Stadträte.

Im März 1933 übertragen die Nationalsozialisten die Ergebnisse der Reichstagswahl widerrechtlich auf die Nürnberger Kommunalpolitik. Luppe wird für mehrere Wochen inhaftiert und zum Rücktritt gezwungen. In Berlin arbeitet er im Widerstand, wird mehrfach verhaftet und steht unter permanenter Beobachtung von Polizei und Gestapo. Luppe stirbt 1945 beim letzten Luftangriff auf seine Geburtsstadt Kiel.

„Stürmer"-Karikatur

In den 1920er Jahren sind Luppe und sein Stadtratskollege Max Süßheim ständigen Angriffen in der von Julius Streicher herausgegebenen antisemitischen Wochenzeitung *Der Stürmer* ausgesetzt. 1926 verarbeitet der *Stürmer*-Zeichner Philip Rupprecht diese Dauerpräsenz in einer Titel-Karikatur.

← Philipp Rupprecht (Fips): Karikatur ohne Titel
in: Der Stürmer Nr. 8/1926, Stadtbibliothek Nürnberg Amb. 2. 903 (4, 1926, 1–53)

Max Süßheim in seinem Aufsatz
„Die nationalsozialistische Seuche" 1930

„Die stärkste Zivilcourage ist machtlos gegenüber dem systematisch organisierten Radau und Terror."

↗ Das freie Wort 9.2.1930
→ Max Süßheim um 1928, Stadtarchiv Nürnberg C 21/VII Nr. 154, Süßheim, Max_2

Alarm!

Heute Freitag, den 3. März, abends 8 Uhr

15 öffentliche Kundgebungen

der Eisernen Front in folgenden Sälen:

Rosenau	Volksgarten Mögeldorf
Stadtpark	Waldschänke, Franke. stra. e 199
Humboldtsaal, Humboldtstraße	Saalbau Linde, Zerzabelshof
Leonhardspark	Saalbau Besold, Mühlhof
Patrizierkeller, Bucher Straße 137	Gesellschaftshaus
Sängerhalle, Hummel, leiner Weg	Gartenstadt
Saalbau West, Wandererstraße	Saalbau
Saalbau Loher Moos	Rangierbahnhof
Saalbau Buchenbühl	

Referenten:

Ammon Lina	Girrmann Karl	Lowig Georg
Bardeleben Otto	Hagen Lorenz	Riepeloßl Wilh.
Behschnitt Fritz	Hardauer Hans	Rollwagen Hans
Brockmann Herm.	Herrmann Math.	Schamberger Greg.
Fischer Emil	Kupfer Erhard	Staudt Andreas

Männer! Frauen! Werktätige! Heraus zum Entscheidungskampf!

Nationalsozialisten haben keinen Zutritt.
Eintritt: 20 Pfg., für Erwerbslose 10 Pfg.

Kampfleitung der Eisernen Front

Dr. Max Süßheim

Gefiederte Baumeister
Der Nestbau der Vögel hat begonnen / Anpassung an die veränderten Waldverhältnisse / Die Nestarten

Max Süßheim
1875–1933

Als SPD-Stadtrat und Rechtsanwalt übernimmt Dr. Dr. Max Süßheim in Nürnberg zusammen mit vielen anderen jüdischen Bürgern eine tragende gesellschaftspolitische Rolle. Im *Luppe-Streicher-Prozess* 1925 verteidigt Süßheim mit dem Oberbürgermeister auch die Demokratie. Noch im Februar 1930 veröffentlicht er trotz NS-Terror und persönlichen Anfeindungen den Artikel *Die nationalsozialistische Seuche*.

Anfang März 1933 stirbt Süßheim an einem Herzinfarkt. In seinem Testament äußert er sich tief verletzt über die vielen Zurücksetzungen und Kränkungen. Die Grabrede für den bedeutendsten Kulturpolitiker im Nürnberg der 1920er Jahre und herausragenden Vertreter eines selbstbewussten Judentums hält Oberbürgermeister Luppe.

Nachruf
Mit Max Süßheim stirbt ein engagierter Nürnberger Demokrat. Die SPD-Presse widmet ihm einen Nachruf. Auf der gleichen Seite ist der Aufruf zur letzten öffentlichen Kundgebung der Nürnberger Demokraten abgedruckt.

← Fränkische Tagespost 3.3.1933
Stadtbibliothek Nürnberg Ztg 00125 (1933, 1–3)

Julie Meyer in ihrem Artikel
„Die gefährdete Frauenstellung in der Republik" 1928

„Es gibt nichts Langweiligeres, als wenn in einer Versammlung drei Männer hintereinander reden!"

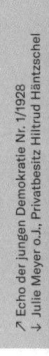

↑ Echo der jungen Demokratie Nr. 1/1928
↓ Julie Meyer o.J., Privatbesitz Hiltrud Häntzschel

Julie Meyer
1897–1970

Dr. Julie Meyer ist Stadträtin, Ortsvorstand und Mitherausgeberin des Parteiblatts *Echo der jungen Demokratie* der Deutschen Demokratischen Partei. Ab 1933 verbieten die Nationalsozialisten der Jüdin ihre Tätigkeit als Dozentin für Jura, Arbeitslehre und Soziologie. Ihr Engagement in der Nürnberger Beratungsstelle für jüdische Verfolgte bringt sie zunehmend selbst in Gefahr.

1937 glückt ihr die Auswanderung in die USA, mit der Ausbürgerung verliert sie Doktorwürde und Einkommen. Nach langem Existenzkampf wird sie Professorin an der *New School for Social Research* und lebt bis zu ihrem Tod 1970 in New York. Auf eigenen Wunsch hin wird sie auf dem Israelitischen Friedhof in Nürnberg begraben.

Öffentliche Auftritte
Ihre demokratische Überzeugung vertritt Julie Meyer öffentlich in kritischen Beiträgen zur Rolle der Frau in der Politik, zu Nationalsozialismus und Antisemitismus.

↑ Julie Meyer als Rednerin um 1923
Privatbesitz Hiltrud Häntzschel

Zentrum der NS-Bewegung

Nicht zufällig darf sich der fränkische Gauleiter Julius Streicher offiziell mit dem Beinamen *Frankenführer* schmücken. Franken hat entscheidende geografische und politische Bedeutung für den Aufstieg der NSDAP. Anfang der 1920er Jahre sind Streicher in Nürnberg und Hitler in München ebenbürtige Konkurrenten um die Führung im völkischen Lager.

1922 schließt sich Streicher mit seiner Partei Hitler an, beide Seiten profitieren. Streicher verdoppelt die Mitgliederzahl der NSDAP und öffnet Hitler den Weg nach Nordbayern. Sich selbst sichert er mit der rechtzeitigen Unterstellung die Machtposition in Franken. Damit ist die Arbeiterstadt Nürnberg Mitte der 1920er Jahre eine Hochburg der NS-Bewegung. Mit ihrem aggressiv-dynamischen Auftreten und begünstigt durch die Weltwirtschaftskrise erreicht die NSDAP bei der Reichstagswahl 1930 auch in Nürnberg breite Wählerschichten. Im Stadtrat hat sie jedoch nie eine Mehrheit.

Lokale Machtübernahme
Seit 30. Januar 1933 ist Adolf Hitler Reichskanzler. Auf Grundlage einer Notstandsverordnung schalten die Nationalsozialisten die politische Konkurrenz gewaltsam aus und übernehmen die Regierungs-geschäfte in den Ländern und Kommunen. Am 9. März 1933 führt Julius Streicher in Nürnberg einen SA- und SS-Zug von der Deutschherrnwiese über Polizeidirektion, Hauptmarkt und Rathaus zur Kaiserburg. Als erster hisst er in einer bayerischen Stadt die Hakenkreuzfahne an einem staatlichen Gebäude. Der demokratisch gewählte Oberbürger-meister Hermann Luppe wird durch den national-sozialistischen Stadtrat Willy Liebel ersetzt.

→ Marsch durch Nürnberg 9.3.1933
Stadtarchiv Nürnberg E 39/I Nr. 1123_48_1, 49_1, 24_1, 28_1, 51_1, 35_1, 31_1, 38_1

Frühe „Kampfgefährten"
Noch zum Reichsparteitag 1933 zeigt eine Postkarte Hitler und Streicher als eine Art Doppelspitze der NS-Bewegung. Die Verbindung der beiden seit dem *Deutschen Tag* 1923 wird hier betont.

↑ Postkarte *Reichsparteitag Nürnberg 1923–1933*
Stadtarchiv Nürnberg A 5–1446

Lokaler Machtkampf

Karl Holz zu Max Süßheim in einer Stadtratssitzung 1925

„Sie werden noch eine Zeitlang grinsen, dann ist es vorbei."

↗ Stadtarchiv Nürnberg C 7_IX_SRP Nr. 350.2
↓ Karl Holz o.J., Bayerisches Hauptstaatsarchiv München Mlnn 83866 Bildersig., Karl Holz Slg. Personen 1585

Achtung!   **Achtung!**

„Das Warenhaus als Todfeind des schaffenden Volkes"

Über dieses Thema spricht am Montag, den 18. Oktober 1926, abends 8 Uhr

Karl Holz

in den Humboldt=Sälen, Humboldtstraße 116 (Steinbühl).

Öffentliche Redeauftritte

Nicht nur im *Stürmer*, auch in zahlreichen Reden bekämpft Holz die neuen Warenhäuser als vermeintliche *Todfeinde des schaffenden Volkes*. Radikaler Antisemitismus und die Interessen des lokalen Einzelhandels stehen dabei im Vordergrund.

↑ Der Stürmer Nr. 42/1926
Stadtbibliothek Nürnberg Amb. 2. 903 (4, 1926, 1-53)

Karl Holz
1895–1945

Der städtische Angestellte Karl Holz tritt 1922, kurz nach Streicher, in die NSDAP ein und sitzt ab 1924 im Nürnberger Stadtrat. In den Folgejahren wird er als Hauptschriftleiter des *Stürmer* und stellvertretender Gauleiter bekannt. Seine Angriffe auf Oberbürgermeister Luppe führen 1925 zu seiner Entlassung aus dem städtischen Dienst.

1938 werden in der *Holzaktion* massenhaft enteignete Immobilien und Grundstücke aus jüdischem Besitz zeitweilig auf seinen Namen ins Grundbuch eingetragen. Diese selbst nach nationalsozialistischem Recht illegale Praxis endet für Streicher mit der Absetzung und für Holz mit der vorübergehenden Amtsenthebung. Bei Kriegsende wird er tot in Nürnberg aufgefunden.

Julius Streicher in seinem Redemanuskript
„Mein stolzester Tag. 9. März 1933 vor dem Rathaus in Nürnberg"

„Schon immer habe ich mich auf den Tag gefreut, an dem ich dem Führer melden kann, daß Nürnberg ihm gehört. Heute ist der Tag gekommen."

↗ Staatsarchiv Nürnberg NS-Mischbestand Slg. Streicher Nr. 120
→ Julius Streicher 1923, Bayerische Staatsbibliothek München/Bildarchiv, Fotoarchiv Hoffmann, Streicher, Julius

JULIUS STREICHER

Sprechkarte
für
Herrn Streicher Nürnberg
u. Gg Wiesenbacher, Wohfontikr Nrubg.
u. Weber ? Mü
u. Graf ?
zum Besuche
bei dem Festungshaftgefangenen
Herrn Hitler
unter Aufsicht eines Festungsbeamten.
Tag des Besuchs: 31. V. 24.
Dauer der Sprechzeit: 30 Minuten.
Der Vorstand der Festungshaftanstalt Landsberg,

Besuchserlaubnis
Nach dem gescheiterten Putschversuch 1923
werden Hitler und Streicher zu Haftstrafen verurteilt. Streicher wird vor Hitler entlassen und hält
den Kontakt. Gemeinsam planen sie die Zukunft
der NS-Bewegung.

↑ Sprechkarte für Streichers Besuch bei Hitler in Landsberg 1924
Staatsarchiv München Justizvollzugsanstalten 17000/7

Julius Streicher
1885–1946

In Anwesenheit Hitlers gründet Julius Streicher
im Oktober 1922 die Nürnberger NSDAP-Ortsgruppe.
Sein bedingungsloser Einsatz beim *Hitlerputsch*
und seine Loyalität während Verbot und Neugründung der NSDAP zahlen sich aus. Hitler macht
Streicher 1925 zum Gauleiter von Franken. Als
Reichskanzler gewährt er ihm außergewöhnliche
Freiheiten. Streicher wird als notorischer Antisemit
und *Stürmer*-Herausgeber reichsweit berühmt-
berüchtigt.

Erst als er sich bei der Enteignung jüdischen
Besitzes über Parteiinteressen und NS-Gesetze
hinwegsetzt, wird Streicher Anfang 1940 entmachtet.
Seinen *Stürmer* darf er weiter herausgeben, die
Millioneneinnahmen behalten. Der Internationale
Militärgerichtshof verurteilt ihn 1946 zum Tod.

Lokaler Machtkampf

Antisemitische Hetze

Im Zuge der Kriegsschulddebatte stößt ein neuer, rassenideologisch motivierter Antisemitismus reichsweit auf wachsende Zustimmung. Staatsbürgerliche Gleichberechtigung, sozialer Aufstieg und gesellschaftliche Integration von Juden sind in der Weimarer Republik noch immer umstritten. Viele Deutsche suchen die Schuld für die drastischen Kriegsfolgen vor allem bei *den Juden.*

Trotz vereinzelter Proteste gegen die Anfeindungen jüdischer Nürnberger wird die Stadt als Erscheinungsort des NS-Hetzblatts *Der Stürmer* in den 1920er Jahren zur antisemitischen Hochburg. Die neuartige Mischung der von Julius Streicher herausgegebenen Wochenzeitung aus radikalem Inhalt und unterhaltsamen Boulevard trifft auf einen aufnahmebereiten Boden, besonders in Nürnberg und Franken.

„Handbuch der Judenfrage"
In den 1920er Jahren erscheinen unzählige antisemitische Veröffentlichungen. Neben Zeitschriften verbreiten vor allem Bücher einen pseudowissenschaftlichen Rassenantisemitismus. Bereits ab 1907 gibt Theodor Fritsch sein *Handbuch der Judenfrage* heraus. Bis 1945 erscheinen 49 Auflagen.

↑ Theodor Fritsch: Handbuch der Judenfrage, Leipzig 1919
Dokumentationszentrum Reichsparteitagsgelände DZO-0173

„Der Stürmer"
Seit der Gründung 1923 nutzt Streicher seinen *Stürmer* als öffentliche Plattform für permanente juden- und republikfeindliche Angriffe. Im Vergleich zur plakativen Titelseite mit der charakteristischen Karikatur ist die Gestaltung des Innenteils eher konventionell.

↑ Der Stürmer Nr. 43/1926
Stadtbibliothek Nürnberg Amb. 2. 903 (4, 1926, 1–53)

Bernhard Kolb, Vorsitzender der Israelitischen
Kultusgemeinde Nürnberg, in seinen Erinnerungen
„Die Juden in Nürnberg" 1946
„Es waren schon zu jener Zeit die
Verhältnisse in Nürnberg und Franken
so schlimm wie kaum in einem anderen
Bezirk im Deutschen Reich."

Stadtarchiv Nürnberg F 5 Nr. 404b

Fränkische Tagespost 6.1.1923
„Muss dieses Gebaren nicht jedem
anständigen Deutschen, ob Jude oder
Christ, die Schamröte ins Gesicht
treiben?"

Stadtbibliothek Nürnberg Ztg 00125 (1923, 1–2)

Rudolf Bing, jüdischer Nürnberger,
in seinen Erinnerungen o.J.
„In Nürnberg sind schon vor dem Hitler-
putsch die schwersten Ausschreitungen
begangen worden."

Stadtarchiv Nürnberg F 5 Nr. 494

Nürnberger Israelitisches Gemeindeblatt 1.12.1923
„Leider haben die feigen Überfälle
auf jüdische Bürger in unserer Stadt
noch nicht nachgelassen."

Stadtarchiv Nürnberg F 14 Nr. 50

Polizeibericht 17.1.1920
„Die antisemitische Bewegung zieht
immer weitere Kreise."

Staatsarchiv Nürnberg Polizeidirektion Nbg.-Fürth Nr. 332

Nürnberg mit Hauptsynagoge
Seit 1871 sind Juden in Deutschland den übrigen
Bürgern rechtlich gleichgestellt. Sicherheitsgefühl
und Selbstbewusstsein werden an der 1874 mitten
in Nürnberg eingeweihten Hauptsynagoge sichtbar.
Die wachsende antisemitische Atmosphäre aber
veranlasst schon vor 1933 über die Hälfte der
Nürnberger Juden, ihre Heimatstadt zu verlassen.

↑ Hauptsynagoge am Hans-Sachs-Platz um 1900
Stadtarchiv Nürnberg A47-KS_122_26

Lokaler Machtkampf

Veranstaltungsort Dutzendteich

Tradition und Vielfalt

Schon im 19. Jahrhundert sind Nürnberg und das Areal rund um den Dutzendteich Schauplatz reichsweiter Massenveranstaltungen. Die 1906 errichtete Luitpoldhalle verbessert die Infrastruktur vor Ort ebenso wie die 1928 eröffnete moderne Stadionanlage. In den 1920er Jahren wird Nürnberg zum symbolisch aufgeladenen Schauplatz politischer Machtdemonstrationen. Häufig kommt es dabei zu gewaltsamen Zusammenstößen der politischen Lager.

Kundgebungen mit über 70.000 Menschen im Luitpoldhain sind keine Seltenheit. Die Teilnehmer kommen aus der gesamten Republik. Sänger vereinnahmen die Tradition der Meistersinger-Stadt für ihre Ziele. Die Arbeiterbewegung sieht das liberal regierte Nürnberg als republikanische Insel im konservativen Bayern. Auch die Nationalsozialisten nutzen den Ort für ihre Propagandazwecke.

Reichsjugendtag

Unter dem Motto *Das Neue wollen, das Alte ehren* feiert der Gewerkschaftsbund der Angestellten (GDA) 1929 mit seinem Reichsjugendtag das zehnjährige Jubiläum der Weimarer Verfassung in der Altstadt und im Städtischen Stadion.

← Programm Reichsjugendtag des GDA 1929
Dokumentationszentrum Reichsparteitagsgelände DZA-0111

„Arbeiterjugendtag"
Höhepunkt des *Deutschen Arbeiterjugendtags* 1923
ist die Verfassungsfeier im Luitpoldhain, bei der
Reichstagspräsident Löbe unter dem Jubel von über
50.000 Jugendlichen ausruft: *Wehe euch Nationa-
listen, wenn diese Massen über euch kommen!*

← *Arbeiterjugendtag* im Luitpoldhain 1923
in: Verband der Sozialistischen Arbeiterjugend: Unser Weg. Bericht über
das Jahr 1923. Berlin 1924, Dokumentationszentrum Reichsparteitagsgelände
D-0321-05

Vereinigungsparteitag
Mit dem Vereinigungsparteitag 1922 in Nürnberg
wird die seit 1917 bestehende Spaltung der sozialdemokratischen Arbeiterbewegung in Unabhängige-
und Mehrheits-SPD auf einer großen Feier reichsweit überwunden.

↑ Vereinigungsparteitag der SPD im Luitpoldhain 1922
Stadtarchiv Nürnberg E 33/III Nr. 16

Veranstaltungsort Dutzendteich

Zeitgenössische Festkultur

Wie auch andernorts greifen die Organisatoren von Massenveranstaltungen in den 1920er Jahren in Nürnberg auf bekannte Elemente der zeitgenössischen Festkultur zurück. Typische Bestandteile bei Festen unterschiedlichster politischer Ausrichtung sind historische Umzüge sowie Aufmärsche in der Altstadt, fahnengeschmückte Kundgebungen im Luitpoldhain, sportliche Massendarbietungen im Stadion und nächtliche Fackelmärsche.

In Anlehnung an den *Deutschen Tag* etabliert die NSDAP ab 1927 bei ihren Parteitagen ein eigenes Feierritual, das später aufwendig weiterentwickelt wird. Zur Selbstdarstellung bedient sie sich unterschiedlicher Traditionen: Christliche Bräuche gehören ebenso dazu wie militärische Rituale, Elemente der bürgerlichen Festkultur, politische Ausdrucksformen der Arbeiterbewegung und des italienischen Faschismus.

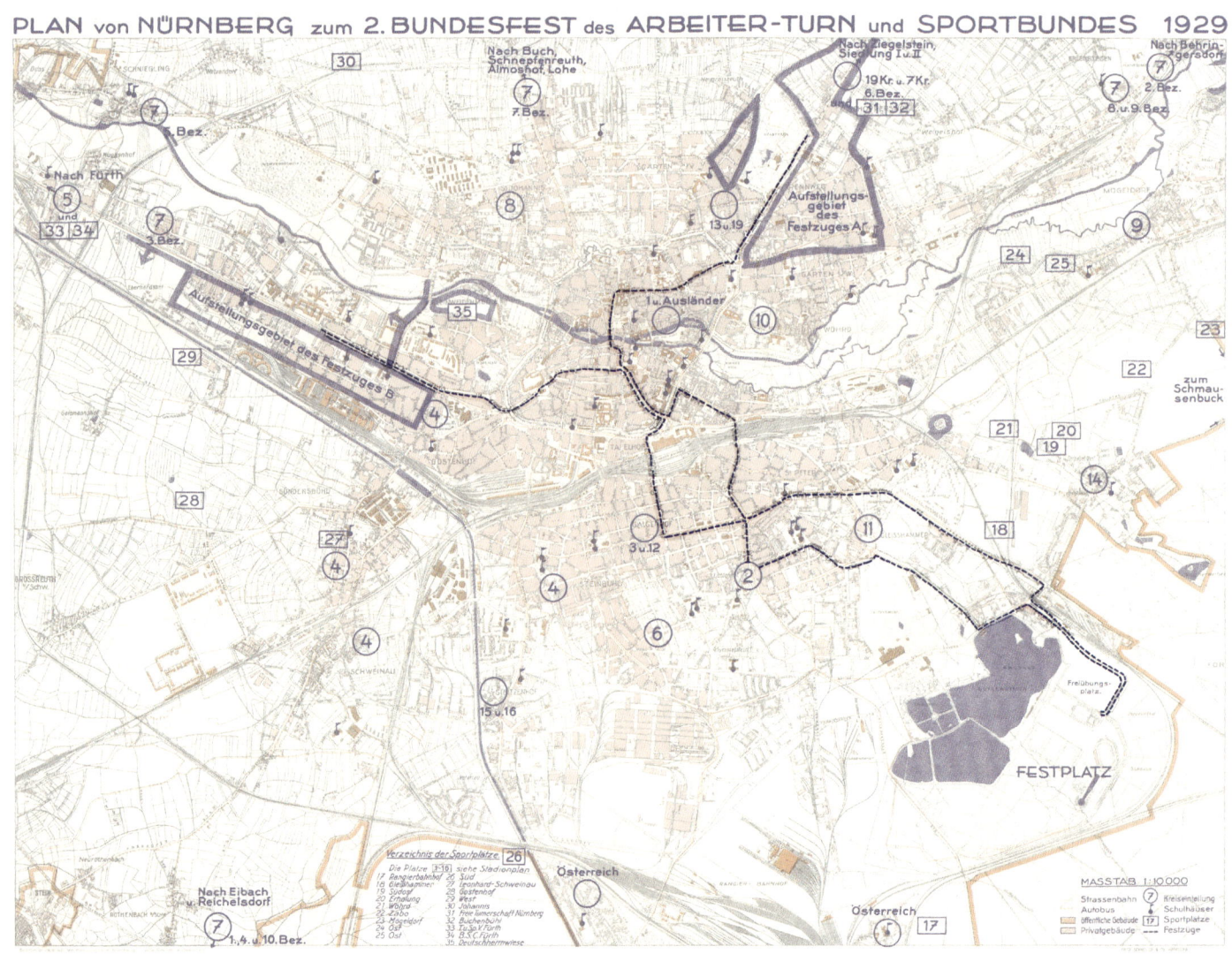

Verfassungsfeier

Die Fahne als Symbol der jeweiligen politischen Gesinnung ist ein wichtiges Element sämtlicher Feste. Sie dominiert 1930 auch die offizielle Verfassungsfeier der Stadt Nürnberg im Luitpoldhain.

↑ Verfassungsfeier Luitpoldhain 1930
Stadtarchiv Nürnberg A38_D_37_1

„Arbeitersportfest"

Beim *Arbeitersportfest* 1929 demonstriert die Arbeiterbewegung in Nürnberg mit über 70.000 Teilnehmern öffentlich Stärke, das Gemeinschaftserlebnis spielt eine wichtige Rolle. Massenchoreographien wie hier im Stadion sind zeitgenössisch beliebt. Die NSDAP greift diese bei ihren Parteitagsinszenierungen wieder auf.

↑ Collage *Großmacht-Arbeitersport* 1929
in: Arbeiter- Turn-und Sportbund: 2. Arbeiter-Turn- und Sportfest.
Gedenkblätter, Leipzig 1929, Privatbesitz Alexander Schmidt

Festzüge

Die Nürnberger Bevölkerung ist an Festzüge gewohnt. In immer gleichen Routen verlaufen diese von der Altstadt hinaus zum Dutzendteich.

← Plan mit markiertem Festzug 1929
Stadtarchiv Nürnberg C 7/I Nr. 776_17

Veranstaltungsort Dutzendteich

Frühe Parteitage der NSDAP

Nach den guten Erfahrungen beim *Deutschen Tag* kehrt die NSDAP 1927 mit ihrem Parteitag nach Nürnberg zurück. Hier kann sie erneut auf das Wohlwollen der deutsch-national geführten Polizeidirektion Nürnberg-Fürth zählen. Der nächste Parteitag 1929 als bisher größte Massenveranstaltung der NSDAP findet über die Grenzen Bayerns hinweg Beachtung.

Aufgrund der blutigen Ausschreitungen im Jahr zuvor lehnt der Stadtrat den Antrag für den Parteitag 1930 ab. 1931 verzichtet die NSDAP aufgrund der hohen Auflagen. Ein anderer Austragungsort kommt offensichtlich nicht in Frage. Die politische Veranstaltungstradition mit geeigneter Infrastruktur, die verkehrsgünstige Lage sowie der starke Rückhalt der NSDAP in der Region sind bestimmend für Hitlers Entscheidung, auch nach 1933 die Parteitage in Nürnberg abzuhalten.

Ehrenhalle im Luitpoldhain
1930 weiht Oberbürgermeister Luppe die städtische Gedenkstätte für die im Ersten Weltkrieg getöteten Nürnberger Soldaten ein. Bereits bei ihrem Parteitag 1929 nutzen die Nationalsozialisten die unvollendete Ehrenhalle für ihr Gedenken an die Toten des *Hitler-Putsches*. Auf die skizzierte Inszenierung müssen sie jedoch in weiten Teilen verzichten.

↖ Ehrenhalle im Luitpoldhain um 1930
Stadtarchiv Nürnberg A49_I-He_1767a

↗ Zeichnung zum Antrag der NSDAP für den Parteitag 1929
Stadtarchiv Nürnberg C 7/I Nr. 871_9

Veranstaltungsort Dutzendteich

Beschwerde der SPD
Die SPD-Fraktion prangert im Nürnberger
Stadtrat die gewaltsamen Ausschreitungen auf
dem Parteitag der NSDAP 1929 an und fordert
Konsequenzen.

↓ Aus der Anfrage der SPD-Fraktion 13.8.1929
Stadtarchiv Nürnberg C 7/I Nr. 871

… systematische Hetze …

… Gastfreundschaft aufs
Schändlichste mißbraucht …

… Leben, Freiheit und Eigentum
der Bevölkerung auf
das Schwerste bedroht …

… brutale Terrorakte …

… zahlreiche Überfälle …

… blutige Köpfe …

… Provokationen
und Mißhandlungen …

… Verletzungen
mit Todesfolge …

Erste Parteitagsfilme
Die NSDAP gibt 1927 und 1929 eigene Parteitagsfilme
in Auftrag, die die erstarkende Bewegung dokumen-
tieren sollen. Auch wenn die Veranstaltungen an
mancher Stelle improvisierten Charakter besitzen,
zeigen die Aufnahmen den Luitpoldhain bereits als
zentralen Veranstaltungsort.

→ Filmaufnahmen der Nürnberger NSDAP-Parteitage 1927/1929
Institut für den Wissenschaftlichen Film G 122; G 140
(heute Technische Informationsbibliothek)

Veranstaltungsort Dutzendteich

1933 —39

Zeppelinfeld

Die Zeppelinwiese und eine Holztribüne gegenüber der heutigen Zeppelintribüne: So sieht der Reichsparteitag 1933 durch die Linse des Hobbyfotografen aus. Eingeschränkte Sicht und Müll zwischen den Reihen gehören dazu.

↙ Zeppelinfeld 1933
Dokumentationszentrum Reichsparteitagsgelände Ph-0014-04

Zeppelintribüne

Neben der Luitpoldarena ist die Zeppelintribüne mit Aufmarschfeld der einzige fertiggestellte Veranstaltungsort. Im Gegensatz zu Propagandaaufnahmen zeigen private Fotografien die Parteitage aus Sicht der Teilnehmer. Stundenlanges Warten bei jedem Wetter ist selbstverständlich.

↓ Zeppelintribüne 1938
Dokumentationszentrum Reichsparteitagsgelände D-0314-01

Die Reichsparteitage – Gemeinschaft und Ausgrenzung

1933 —39 Die Reichsparteitage – Gemeinschaft und Ausgrenzung

Nürnberg im September 1933: Der erste Reichsparteitag nach der Machtübernahme findet wieder in Nürnberg statt – nach Entscheidung Hitlers ist die
Stadt dauerhaft Veranstaltungsort und *Stadt der Reichsparteitage*. Für das
nunmehr nationale Großereignis werden Programm, Dauer und Dimension
massiv erweitert. Mit der erlebnisorientierten Inszenierung will das NS-Regime
zentrale Botschaften vermitteln und verspricht den Wiederaufstieg Deutschlands
auf Grundlage der nationalen Einheit der Deutschen unter starker Führung.
Auf der politischen Bühne Reichsparteitag werden 1935 die *Nürnberger
Gesetze* verkündet, 1938 der *Anschluss* Österreichs gefeiert.

Gleich 1933 starten erste Baumaßnahmen. Nach Plänen von Architekt
Albert Speer soll der bestehende Veranstaltungsort ab 1934 zu einem riesigen
Kultraum umgebaut und erweitert werden. Dafür sind ab 1938 in großem
Umfang Granitlieferungen aus Konzentrationslagern eingeplant.

Moderne Medien sollen das Gemeinschaftserlebnis Reichsparteitag über
den Ort hinaus vermitteln. Der Fotograf Heinrich Hoffmann und die Regisseurin
Leni Riefenstahl prägen das Bild der Reichsparteitage. Die internationalen
Reaktionen reichen von Begeisterung bis Ablehnung. Wegen des geplanten
Überfalls auf Polen wird der *Reichsparteitag des Friedens* 1939 unmittelbar
vor der Eröffnung abgesagt.

Altstadttrubel
Die aufwendig geschmückte Altstadt mit ihren
berühmten Sehenswürdigkeiten ist fester Programm-
punkt für die Besucher der Reichsparteitage. Straßen
und Plätze sind während der Parteitagswoche voller
Menschen.

↙ Altstadt Nürnberg 1938
Dokumentationszentrum Reichsparteitagsgelände D-0314-02

„Triumph des Willens"
Scheinbar endlose Marschkolonnen dominieren
den Propagandafilm über den Reichsparteitag 1934.
In *Triumph des Willens* kreiert die Regisseurin
Leni Riefenstahl mit ungeheurem Aufwand einen
perfekten Reichsparteitag, der so nie stattfindet.

↓ Leni Riefenstahl: *Triumph des Willens* 1935
Bundesarchiv Berlin

Die Reichsparteitage – Gemeinschaft und Ausgrenzung

Nationales Großereignis

Vom Parteitag zum Staatsfest

Der Reichsparteitag 1933 wird zum Wendepunkt. Die NSDAP ist nicht mehr eine Partei unter vielen, Partei und Staat bilden eine Einheit – die Parteitage sind nun offizielles Staatsfest. Der Zugriff auf finanzielle und personelle Ressourcen ermöglicht ab 1934 eine deutliche Professionalisierung. Neue Teilnehmergruppen sorgen für eine zunehmende räumliche und zeitliche Ausdehnung.

Während der Parteitagswoche ist Nürnberg im Ausnahmezustand. Bis zu einer Million Teilnehmer und Zuschauer vor allem aus dem In-, aber auch aus dem Ausland erfordern einen steigenden Organisationsaufwand. Für Vorbereitung und Durchführung der Massenveranstaltungen arbeiten ein eigenes Parteitagsreferat und weitere städtische Dienststellen mit der NSDAP-Organisationsleitung zusammen.

Ansturm auf Straßenbahn und Bier
Zwar wird die Organisation von Teilnehmern und Besuchern gelobt, die typischen Begleiterscheinungen bei Großveranstaltungen sorgen jedoch für Beschwerden. Vor allem überfüllte Transportmittel, verschmutzte Unterkünfte, mangelnde Sanitäranlagen aber auch übermäßiger Alkoholkonsum sind Dauerthemen.

← Spülen von Bierkrügen 1934
Süddeutsche Zeitung Photo/Scherl Mediennr. 00338611

Leitsätze

Parteigenosse! Vergiss niemals, dass Du Repräsentant der nationalsozialistischen Bewegung bist.

Der Fremde beurteilt die Bewegung nach dem Bilde, das er von
Dir erhält!

Sei also in Deinem ganzen Handeln, Tun und Lassen ein National-
Sozialist!

Pünktlichkeit ist mit ein Garant der reibungslosen Abwicklung
des Reichsparteitages!

Befolge die Anordnungen Deiner Führer und des Streifendienstes!

Pflege die Kameradschaft!

Betrinke Dich nie! Betrunkene und randalierende Pgg. werden vom
Streifendienst bis nach Beendigung des Reichsparteitages in
Schutzhaft genommen und gegen sie sodann ein Parteigerichtsver-
fahren eingeleitet.

Fühle Dich Deinem Quartiergeber gegenüber immer als Gast und be-
nimm Dich entsprechend!

Die Bevölkerung ist dem Gau München-Oberbayern in jeder Weise
entgegengekommen, dessen hat sich jeder Pg. bewusst zu sein.

Nationalsozialistisches Bekennertum, eiserne Disziplin und unbe-
dingter Gehorsam, verbunden mit echter oberbayerischer Fröhlich-
keit, müssen die Tugenden der Parteigenossen des

Traditionsgaues München-Oberbayern

sein.

- Während des Parteitages bist Du im Dienst! -

Alles nach Plan

Merkblätter und Pläne haben während der Parteitagswoche Hochkonjunktur – ob Marschordnung
oder Leitsätze für Parteigenossen. Nur mit Quartierschein bekommt man einen der begehrten Plätze
in den Privat- und Massenunterkünften der Region.

↑ Merkblatt *Leitsätze* des Gaus München-Oberbayern 1935
Staatsarchiv München NSDAP 108

← Quartierschein 1935
Dokumentationszentrum Reichsparteitagsgelände DZA-0068

Nationales Großereignis

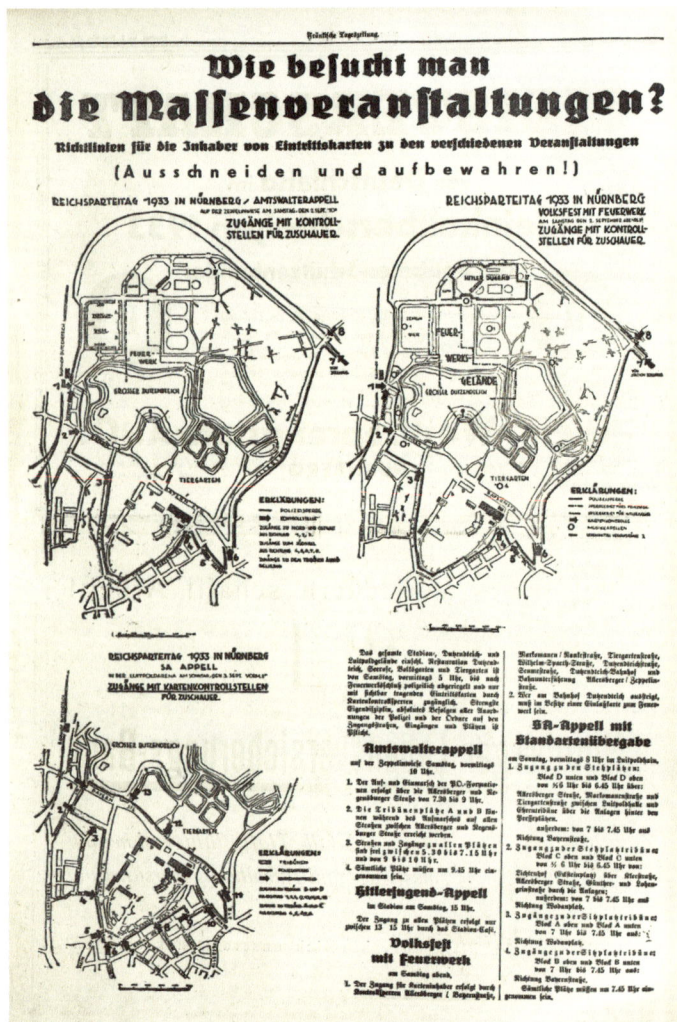

"Wie besucht man die Massenveranstaltungen?"
Unter dieser Überschrift veröffentlicht die Nürnberger
NS-Tageszeitung einen ganzseitigen Artikel zum
Ausschneiden und Aufbewahren. Kein schlechter
Rat – angesichts strikter Einlasszeiten und fester
Zugänge zu den einzelnen Veranstaltungen.

↑ Fränkische Tageszeitung 2.9.1933
Stadtbibliothek Nürnberg Ztg 00113 (1933, 9–10)

Marschgepäck.

1). Tornister. Jnhalt: 1 Wolldecke oder 1 Leintuch (Unterlage auf
       Feldbett), 2 Paar weisse Wadenstrümpfe, 2mal Unterwäsche
    Seife, Handtuch, kleiner Spiegel, Rasierzeug, Zahnbürste mit
    Paste, Kamm, Schuh- und Kleiderbürste, Hirschhorn- oder Salizyl-
    talg, Schuhcreme, Verbandspäckchen.
2). Zeltbahn, in diese eingerollt eine zweite Decke.
3). Brotbeutel mit Feldflasche.
4). ~~Gikschlose mit Stiefel (zum Schutz gegen evtl. auftretende
    Kälte): Beides ist sauber in eine Pappschachtel zu verpacken und
    am Marschgepäck mitzuführen. Auf der Schachtel ist Name des Besit-
    zers, Kreis- Ortsgruppe anzubringen.~~

Tornisterpacken:

Die Wolldecke bezw. das Leintuch legt man gefaltet am Boden des Tor-
nisters und darauf eine Garnitur Wäsche. Die übrige Wäsche und die
Strümpfe werden im Wäschebeutel untergebracht, der sich unter dem
Tornisterdeckel befindet. Den Rest verpackt man gleichmässig in dem
Tornisterkasten. Bekleidungsstücke dürfen auf keinen Fall aus dem
Tornister herausschauen! Auf dem Tornister wird die Zeltbahn mit der
eingeschlagenen Wolldecke aufgeschnallt. Das Einrollen hat so zu geschehen, dass von der Wolldecke nichts zu sehen ist! Die Zeltbahn
mit der eingerollten Wolldecke darf nicht über den unteren Tornisterrand hinausragen. Zur Einrollung verwende man die leichteste und
dünnste Wolldecke, da sich diese am besten zu diesem Zweck eignet.
Die Enden der eingerollten Decke liegen auf dem Tornisterrand und
zeigen nach dem Hals des Trägers, nicht aber nach aussen. Es ist
beim Einrollen darauf zu achten, dass die Aussenseite der Zeltbahn
tatsächlich auch nach aussen kommt. Weitere Einzelheiten erklärt im
Bedarfsfalle der Kreisausbildungsleiter.
Das Kochgeschirr wird so aufgeschnallt, dass sich der Kochkesseldeckel
auf der rechten Armseite des Tornisterträgers befindet. Die Koch-
geschirr-Riemen werden am Tornisterdeckel durch 4 angebrachte Schlau-
fen von oben nach unten gezogen und zwar so weit, dass die Schnalle
eines jeden Riemen an der oberen Schlaufe des Tornisterdeckels anliegt.
Die Riemen-Enden werden dann hinter dem Kochkessel in die obere Schlaufe am Tornisterdeckel gesteckt, damit ein unordentliches Herumflattern
vermieden wird.

Die „perfekte" Inszenierung
Der Tornister ist ein Symbol der uniformierten
Massen und Gegenstand detaillierter Packanlei-
tungen. Die ganze Parteitagswoche folgt einem
minutengenauen Ablaufplan, nichts soll dem Zufall
überlassen werden. Parteimitglieder sind während
des Parteitags im Dienst und unterliegen strengen
Verhaltens- und Bekleidungsvorschriften, die
nicht immer einfach einzuhalten sind. Trotz aller
Bemühungen existiert der *perfekte* Reichsparteitag
jedoch nur in aufwendig produzierten Propaganda-
bildern.

↑ Merkblatt *Marschgepäck* des Gaus München-Oberbayern 1935
Staatsarchiv München NSDAP 108

→ SA und SS in der Luitpoldarena beim Reichsparteitag 1935
The U.S. National Archives and Records Administration Identifier 558778/
Charles Russell

Acht Tage im September –
Ablauf und Entwicklung der Reichsparteitage

Die Programme von 1933 und 1938 zeigen einen Entwicklungsprozess der Reichsparteitage. Fester Bestandteil der Inszenierung sind Aufmärsche und Paraden der NS-Organisationen auf dem Gelände und in der Altstadt. Während Luitpoldarena und Zeppelinfeld die Hauptspielstätten bleiben, verändern sich vor allem Ablauf und Dauer. Freizeit- und Unterhaltungswert der Veranstaltung werden deutlich gestärkt. 1933 dauert das Spektakel fünf, 1934 sieben und ab 1937 schließlich acht volle Tage.

Hanns Kerrl (Hg.): Reichstagung in Nürnberg 1938, Berlin 1939

Montag, 5. September 1938
Der Tag der Begrüßung
× Ankunft Hitlers in Nürnberg
× Empfang im Rathaussaal
× Festaufführung der Meistersinger von Nürnberg im Opernhaus

Dienstag, 6. September 1938
Der Tag der Kongresseröffnung
× Eröffnung des Parteikongresses in der Luitpoldhalle
× Zahlreiche Sondertagungen wie die Kulturtagung mit der Verleihung des Deutschen Nationalpreises für Kunst und Wissenschaft verteilen sich über die Parteitagswoche

Mittwoch, 7. September 1938
Der Tag des Arbeitsdienstes
× Appell des Reichsarbeitsdienstes auf der Zeppelinwiese

Donnerstag, 8. September 1938
Der Tag der Gemeinschaft
× Sport- und Tanzvorführungen unterschiedlicher Gruppierungen auf der Zeppelinwiese
× NS-Kampfspiele

Freitag, 9. September 1938
Der Tag der Politischen Leiter
× Appell der Politischen Leiter auf der Zeppelinwiese

Samstag, 10. September 1938
Der Tag der Hitler-Jugend
× Endkämpfe der NS-Kampfspiele im Städtischen Stadion
× Appell der Hitler-Jugend im Städtischen Stadion
× Haupttag des Volksfestes in der KDF-Stadt, Großkonzert auf dem Adolf-Hitler-Platz, Feuerwerk am Dutzendteich

Sonntag, 11. September 1938
Der Tag der Sturmabteilungen
× Großer Appell der SA und SS im Luitpoldhain
× Vorbeimarsch auf dem Adolf-Hitler-Platz

Montag, 12. September 1938
Der Tag der Wehrmacht
× Schaumanöver der Wehrmacht auf der Zeppelinwiese
× Schluss des Parteikongresses in der Luitpoldhalle
× Großer Zapfenstreich der Wehrmacht vor Adolf Hitler am Deutschen Hof

Der Reichsparteitag 1938 in Bildern
Hermann Kettler, 36 Jahre alt, Politischer Leiter aus
Bremen, hält auf zwölf Doppelseiten seine individuelle
Wahrnehmung des Reichsparteitags in einem privaten
Fotoalbum fest.

↓ Privates Fotoalbum Reichsparteitag 1938
Stadtarchiv Bremen 10.b-al-105

Nationales Großereignis

Festlich geschmücktes Nürnberg

Vor dem „Deutschen Hof"

REICHSPARTEITAG
19 38
Mittwoch
7. Sept., 10 Uhr
Zeppelin-
wiese
Reichsarbeitsdienst
Appell und Vorbeimarsch
Zugang über Ludendorffstraße oder Dutzendteichstraße, Herzog-
straße und Bauernzaun. Straßenbahnen 2, 11, 12, 21, 82, 41
mit Haltestelle Dutzendteich. — Die Plätze müssen bis 9,30 Uhr
eingenommen sein. — Karten werden bei verspätetem Eintreffen nicht zurückgenommen.
A   Block
R.M. 3.—   4808   V
                                       Tribüne
                                       Sitzplatz

Einfahrt des Führers

Vorbeimarsch der Arbeitsgaue

N.S.K.K. rastet.

SS.-Standarten
marschieren aus

Empfang auf dem Hugenottenplatz

Erlangen

Gesellschaftliche Ziele

Im Sinne eines politischen *Event-Marketings* verfolgt das NS-Regime mit den Reichsparteitagen zentrale gesellschaftliche Ziele. Hier soll der National-sozialismus nicht diskutiert oder verstanden, sondern in erster Linie erlebt werden. Während der Parteitagswoche soll die nationale Einheit der Deutschen über alle sozialen wie regionalen Unterschiede hinweg vorgeführt und die Übereinstimmung zwischen *Volksgemeinschaft* und *Führer* inszeniert werden.

Mehr als bloße Propagandashow, soll das Gemeinschaftserlebnis Reichsparteitag die Identifikation mit dem NS-Staat stärken und in den Alltag ausstrahlen. Die Versprechungen von neuer nationaler Stärke erzeugen breite Zustimmung und Mitmachbereitschaft. Der paramilitärische Charakter der Massenveranstaltung dient der geistigen Mobilmachung und soll die Deutschen emotional auf den Krieg einstimmen.

„Volksgemeinschaft" als Ausgrenzungsgesellschaft

Ein Volk, ein Reich, ein Führer – für weite Teile der krisen-
geschüttelten Deutschen ist dies keine bloße Propaganda-
formel, sondern die ersehnte neue Gesellschafts- und
Staatsform für eine bessere Zukunft unter starker Führung.
Grundlage der nationalsozialistischen Vorstellung von
Volksgemeinschaft ist die radikale Ausgrenzung von
sogenannten *Gemeinschaftsfremden, Volksverrätern* und
ideologisch definierten Minderheiten.

Der Bildbericht vom Juli 1933 stellt KZ-Haft als erfolg-
reiche Umerziehung politischer Gegner zu Mitgliedern der
Volksgemeinschaft dar. Obwohl es sich um ein Propaganda-
foto handelt, ist die menschenverachtende Behandlung der
Häftlinge in Dachau offensichtlich. Da die Mehrheit der
Deutschen von den neuen Verhältnissen persönlich profi-
tiert, wird die Gewalt akzeptiert oder bewusst verdrängt.

↙ Postkarte *Reichsparteitag Nürnberg* o.J.
Dokumentationszentrum Reichsparteitagsgelände Ph-1080-08

↘ Münchner Illustrierte Presse 16.7.1933
Deutsches Historisches Museum/S. Ahlers Inv.-Nr. Do2 95/2880

Frühappell im Erziehungslager
Disziplin erzieht zu gemeinschaftlicher aufbauender Arbeit

Gefühlte „Volksgemeinschaft"

Die erlebnisorientierte Inszenierung der Einheit von *Volksgemeinschaft* und *Führer* kann funktionieren. In einem Roman auf Grundlage persönlicher Briefe beschreibt Lilli Gruber die Interaktion zwischen Hitler und Männern des Reichsarbeitsdienstes beim Reichsparteitag 1936 aus der Sicht einer Zuschauerin – ihrer Tante Hella Rizzolli, geboren 1916.

Tausende von Männern haben sich in perfekten Reihen auf dem Areal des Zeppelinfeldes formiert. […] Hella beobachtet Hitler, der sich kaum merklich zu den Mikrofonen hin verneigt. Der Führer schweigt, er wartet, bis vollkommene Stille herrscht. Dann ruft er mit weitreichender Stimme: „Heil dem Volk der Arbeit!" Seine Worte hallen in der warmen Luft wider. Tausende junger Männer antworten inbrünstig im Chor: „Heil unserem Führer!!" […] Hella fühlt sich mitgerissen von der hypnotischen Kraft dieser Worte, die sich wie magische Formeln aneinanderfügen und keinerlei Zweifel lassen. Nur Gewissheiten. Die Luft vibriert förmlich vor jener Leidenschaft, mit der tausende Menschen fest an einen gemeinsam auszutragenden Kampf glauben. Und bereit sind, Blut für ihr Land zu vergießen.

Beschreibung Appell des Reichsarbeitsdienstes 1936
in: Lilli Gruber: Das Erbe. Die Geschichte meiner Südtiroler Familie, Mailand 2012

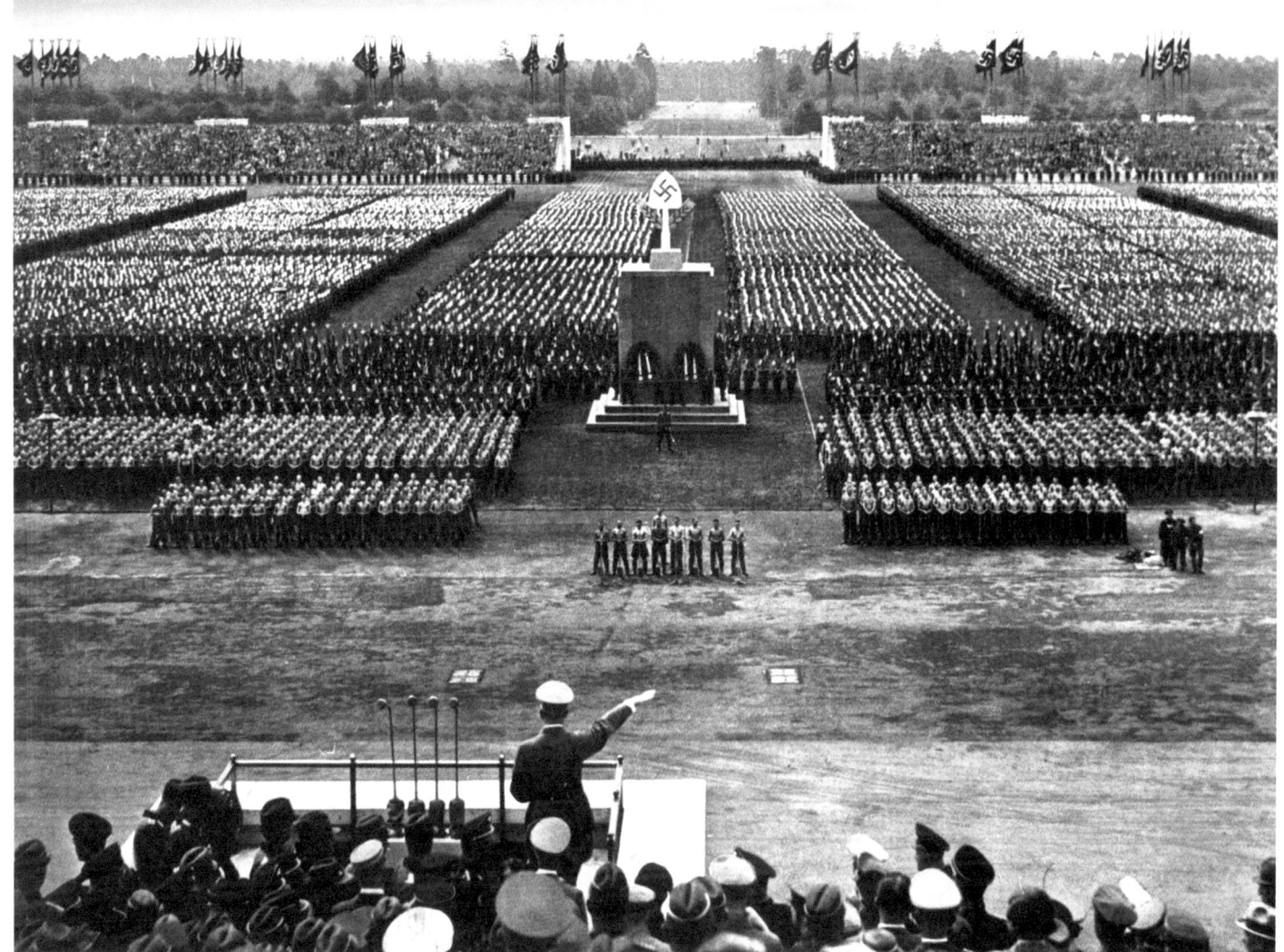

↑ Hitler vor dem Reichsarbeitsdienst auf dem Zeppelinfeld 1936
in: Hanns Kerrl (Hg.): Reichstagung in Nürnberg 1936, Berlin 1937,
Dokumentationszentrum Reichsparteitagsgelände D-0329-01

Nationales Großereignis

Politische Plattform

Auf den Reichsparteitagen werden gezielt politische Botschaften verkündet. Ab 1935 weist schon das jeweilige Motto auf konkrete innen- und außenpolitische Maßnahmen oder Ereignisse hin. Die Wiedereinführung der Wehrpflicht, der Erlass der *Nürnberger Gesetze* und der *Anschluss* Österreichs werden nicht verhandelt, sondern umjubelt.

Die offensichtlich kritiklose Zustimmung der Teilnehmer und Besucher dient der Legitimation des Regierungsanspruchs. Mit der militärischen Leistungsschau demonstriert das NS-Regime seinen Großmachtanspruch. Die Darstellung von Macht und Stärke gegenüber In- und Ausland gehört zu den elementaren Funktionen der Parteitage.

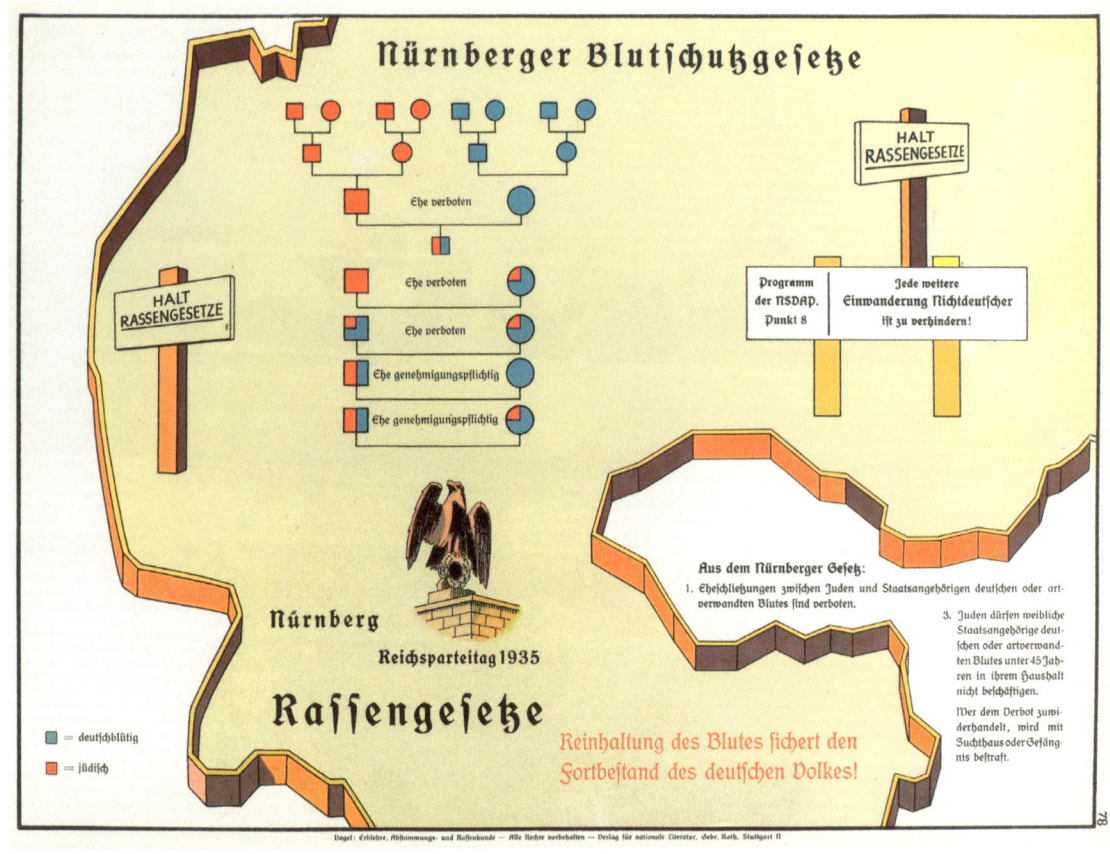

Die „Nürnberger Gesetze"
Auf dem Reichsparteitag 1935 verkündet Hermann Göring am 15. September die *Nürnberger Gesetze*. Damit stellt der NS-Staat Beziehungen zwischen Juden und Nichtjuden unter Strafe. Das *Reichsbürgergesetz* degradiert Juden zu Bürgern zweiter Klasse. Mit dieser Entrechtung ist das Startsignal der nun staatlich legitimierten Verfolgung von Juden sowie Sinti und Roma bis hin zum Massenmord gegeben.

↑ *Nürnberger Blutschutzgesetze* 1935
Bildagentur Preußischer Kulturbesitz/Staatsbibliothek zu Berlin Bild-Nr. 00040573

↓ Leo Katzenberger um 1942, Yad Vashem file number 10548/1

Sg. 351/41 V.R.Sg.I 81/42

<u>Betrifft:</u> Strafverfahren gegen K a t z e n b e r g e r
        Lehmann (Leo), geb. am 25.11.1873 zu Maßbach,
        wegen Rassenschande.

        Das Urteil des Sondergerichts Nürnberg vom 14.3.42
wegen Rassenschande ist gem. §§ 1, 2 d, 9 des Wiedergutmachungs-
gesetzes aufgehoben.

                    Nürnberg, den 20. 3. 1950.

Stern   Der Oberstaatsanwalt bei dem Landgerichte
                            Nürnberg-Fürth:
Eingang 23.3.50
                            I.V.
                        gez. Dr. Kühn,
                            Staatsanwalt.

                    Zur Beglaubigung
                    Nürnberg, den 21. May 1950.
                    Geschäftsstelle
                    der Staatsanwaltschaft bei dem
                    Landgerichte Nürnberg-Fürth

Rehabilitation

Acht Jahre später wird Leo Katzenberger mit dem
Bescheid der Staatsanwaltschaft Nürnberg-Fürth
über die Aufhebung des Todesurteils rehabilitiert.
Rothaug, im Juristenprozess 1947 zu lebenslanger
Haft verurteilt, kommt bereits 1956 auf freien Fuß.
Seine Beisitzer entgehen jeglicher Strafe.

↑ Aufhebungsbescheid 20.3.1950
Staatsarchiv Nürnberg AG Fürth Nachlassakt VI 1063/42

Leo Katzenberger
1873–1942

Der Nürnberger Kaufmann und zeitweise Vorsitzende
der Israelitischen Kultusgemeinde Leo Katzenberger
ist früh diffamierenden Kampagnen im *Stürmer*
ausgesetzt. 1942 wegen einer unterstellten Bezie-
hung zu seiner Mieterin Irene Seiler von der Haus-
gemeinschaft denunziert, gerät er in den Fokus des
Nürnberger Sondergerichtsvorsitzenden Dr. Oswald
Rothaug.

Das *Blutschutzgesetz* von 1935 sieht die Todesstrafe zwar nicht vor, die Verbindung der Anklage
wegen *Rassenschande* mit kriegsbedingtem Sonder-
strafrecht ermöglicht es Rothaug jedoch, Katzenberger zum Tode zu verurteilen. Am 3. Juni 1942
wird das Urteil in München Stadelheim vollstreckt
– ein klarer Fall von Justizmord. Irene Seiler wird zu
zwei Jahren Zuchthaus verurteilt.

„Nürnberg-Erlebnis"

Das *Nürnberg-Erlebnis* meint das persönliche Erleben vor Ort. Berichte aus erster Hand und individuelle Erinnerungen besitzen für *Nürnberg-Fahrer* wie Daheimgebliebene große Bedeutung. Zeugnisse wie Briefe, Berichte, Tagebucheinträge und private Fotoalben zeigen die unterschiedlichsten Reaktionen auf die Reichsparteitage. Eindeutige Zuschreibungen und Erklärungen kommen an ihre Grenzen: Nicht jeder begeisterte Teilnehmer ist von der menschenverachtenden Weltanschauung überzeugt, nicht jede ablehnende Äußerung steht für NS-Gegnerschaft.

Zeichnungen: Hamed Eshrat

Herta, 10 Jahre alt, Nürnbergerin
über die Parteitage allgemein

„34 und 35 [...], da sind wir an den Parteitagen in den Wald [...], haben uns Essen mitgenommen und haben uns dort irgendwo einen schönen Platz gesucht, weil meine Eltern gesagt haben, das Gebrüll und das Geschrei in der Stadt, dem wollen sie ausweichen ..."

Zeitzeugeninterview 1997
Dokumentationszentrum Reichsparteitagsgelände/Reiner Holzemer

Arno, 10 Jahre alt, Nürnberger
über die Parteitage allgemein

„Wir Jugendliche sind zwischen den Synagogen hin und her gewechselt. [...] Und wenn wir uns mit unseren Gebetbüchern durch die Menge gedrängt haben, war das eine Art Abenteuer. Denn man wusste genau, wenn man erwischt wird mit einem jüdischen Gebetbuch unterm Arm, dass dann der Teufel los ist."

Zeitzeugeninterview 1997
Dokumentationszentrum Reichsparteitagsgelände/Reiner Holzemer

Auguste, 50 Jahre alt, Besucherin aus Heppenheim
über den Parteitag 1938

„Wenn ich Euch hier nur so die trocknen Tatsachen erzähle, könnt Ihr Euch noch gar kein Bild machen, wie das überhaupt war. Es fehlt die ganze Stimmung, die Begeisterung bei all den Menschen. Da standen die jüngsten Kinder neben alten Leuten, Ostmark, Sudetendeutsche, alle Gaue des Reiches, alles in der gleichen Ausdauer im Warten."

Brief 1938
Dokumentationszentrum Reichsparteitagsgelände

Nationales Großereignis

Theodor, 59 Jahre alt, Oberbürgermeister der Stadt Essen
über den Parteitag 1935

„Alles gewaltig. Amerika übertrumpft.
[...] Er will für Jahrtausende bauen,
es ist sein Plan.“

Tagebucheintrag 1935
Stadtarchiv Essen 652 Nr. 140, 149

Charlotte, 19 Jahre alt, Nürnbergerin
über den Parteitag 1933

„Der Aufmarschplatz der 100.000 war der
reinste Schuttabladeplatz. Zigaretten-
schachteln, Schokoladenpapier, zerbrochene
Flaschen, Lumpen usw. Richtige Schutt-
haufen wurden zusammengekehrt und
feierlich verbrannt.“

Bericht 1933
Dokumentationszentrum Reichsparteitagsgelände

Emil, 14 Jahre alt, Nürnberger
über den Parteitag 1934

„Ich half, wie ich schon geschrieben habe, im Geschäft. [...] Die Wirtschaft war überfüllt; [...] Obwohl wir eine schwere Sau schon im Voraus geschlachtet haben, langten uns die Hausmacherwürste nicht mehr aus. Vater und Mutter waren so vom Geschäft in Anspruch genommen, dass sie, trotzdem Hitler öfters in unserer oder der benachbarten Strasse vorbeifuhr, ihn nicht gesehen haben."

Berichtsheft 1934
Stadtarchiv Nürnberg E1_2214_2_01

Reinhold, 17 Jahre alt, Mitglied des Reichsarbeitsdienstes aus Bonn über den Parteitag 1937

„Wie wir aufmarschieren mussten, wie wir einlaufen mussten usw., das war alles genau vorher festgelegt. Und ich [...] hätte geweint, wenn ich nicht hätte mitfahren dürfen."

Zeitzeugeninterview 1997
Dokumentationszentrum Reichsparteitagsgelände/Reiner Holzemer

Nationales Großereignis

Die „Stadt der Reichsparteitage"

1933 bestimmt Hitler Nürnberg zum Austragungsort aller künftigen Reichsparteitage. Die Kommune übernimmt eine aktive Gastgeberrolle und bringt immense finanzielle sowie personelle Ressourcen für die Massenveranstaltungen auf.

Oberbürgermeister Liebel betreibt mit dem Label *Stadt der Reichsparteitage* intensives Marketing. Um der gewünschten altdeutschen Kulisse für die Parteitage zu entsprechen, wird die Altstadt *entschandelt*. Die Baumaßnahmen ab 1933 dienen nicht der Bewahrung und Rekonstruktion, sondern der Erfindung einer Traditionslinie vom mittelalterlichen Kaiserreich bis zum *Dritten Reich.*

Aus dem Selbstverständnis als zentraler Propagandaort leiten die lokalen Akteure eine Vorbildfunktion Nürnbergs in der *Judenfrage* ab: Boykottaktionen, der Abriss der Hauptsynagoge sowie die Enteignung jüdischen Eigentums werden hier besonders früh und radikal durchgeführt.

„Weltfremdenverkehrsstadt" Nürnberg
Zwischen 1933 und 1938 steigen die Übernachtungszahlen in Nürnberg deutlich an. Kaum eine Branche, die nicht auf wirtschaftlichen Profit im Zuge der Reichsparteitage hofft. Insbesondere das Geschäft mit Andenken jeder Art floriert. Außerordentlich beliebt sind neben Postkarten berühmter Sehenswürdigkeiten die Sondermaßkrüge mit Stadtwappen. Gastgeschenke wie Stiftmäppchen in Stadtfarbe mit Widmung des Oberbürgermeisters werden angefertigt.

← Postkarte *Nürnberg, die Stadt der Reichsparteitage* 1933
Dokumentationszentrum Reichsparteitagsgelände D-0334-01

↙ Geschmücktes Straßentor *Willkommen in der Stadt der Reichsparteitage* 1937
Stadtarchiv Nürnberg A76-RF_294_3_1

→ Bierkrug *Nürnberg, die Stadt der Reichsparteitage* 1930er Jahre
Dokumentationszentrum Reichsparteitagsgelände DZO-0008/
Objektfoto: Tim Hufnagl

Befucht den
einzigartigen, stimmungsvollen und historischen
Nürnberger Chriftkindlesmarkt
auf dem Adolf Hitlerplatz vom 4. bis 24. Dezember

Christkindlesmarkt und „Weihnachtsboykott"

Oberbürgermeister Liebel holt 1933 den Christkindlesmarkt auf den Hauptmarkt zurück und etabliert die bis heute bestehende Eröffnungszeremonie mit lebendigem Christkind und aufwendigem Lichterschmuck. Ebenfalls zur Weihnachtszeit ruft Gauleiter Streicher zu lokalen *Weihnachtsboykotten* auf, um den jüdischen Einzelhändlern gezielt das Weihnachtsgeschäft zu verderben.

← Plakat *Nürnberger Christkindlesmarkt* 1933
Stadtarchiv Nürnberg A 28-1933_0002

→ Fränkische Tageszeitung 17.12.1937
Stadtbibliothek Nürnberg Ztg 00113 (1937, 11–12)

Freitag, 17. Dezember 1937   Fränkische Tageszeitung

Kein Deutscher kauft beim Juden!
Nürnberg im Zeichen des Boykotts der jüdischen Geschäfte

Abriss der Synagoge

Auf Grundlage des *Gesetzes über die Neugestaltung deutscher Städte* können Oberbürgermeister Liebel und Gauleiter Streicher in Nürnberg noch vor der Pogromnacht am 9. November 1938 die Hauptsynagoge abreißen lassen. Pünktlich zu Beginn des Reichsparteitags im September 1938 ist laut Streichers *Fränkischer Tageszeitung* der *letzte Schandfleck getilgt.*

↑ Streicher (rechts) und Liebel (links) 1938
Dokumentationszentrum Reichsparteitagsgelände D-0164-03

Nürnberg
die deutsche Stadt
VON DER STADT DER REICHSTAGE ZUR STADT DER REICHSPARTEITAGE

Ausstellung
im Germanischen Nationalmuseum
VOM 8.– 30. SEPTEMBER 1937

VERANSTALTER: Amt Schrifttumspflege bei dem Beauftragten des Führers für die Überwachung der gesamten geistigen und weltanschaulichen Erziehung der N S D A P

Erfundene Tradition

Zum Reichsparteitag 1937 zeigt das Germanische Nationalmuseum in Kooperation mit Stadt und Partei die Ausstellung *Von der Stadt der Reichstage zur Stadt der Reichsparteitage.* Hier wird Nürnberg zum Kristallisationspunkt der großdeutschen Reichsgeschichte des Mittelalters stilisiert.

↑ Ausstellungsplakat *Nürnberg, die deutsche Stadt* 1937
Stadtarchiv Nürnberg A 28-1937_0002_1

Willy Liebel in einer Stadtratssitzung 1933

„Eine neue Zeit ist angebrochen in Deutschland."

↗ Stadtarchiv Nürnberg C 7/IX Nr. 534
↓ Willy Liebel 1940, Stadtarchiv Nürnberg A 58_0123_LiebelWilli_OBM_17Jan1940

„Das deutsche Reichsschwert dem Führer aller Deutschen!"
Bei der Eröffnung des Parteitages der Freiheit überreicht der Oberbürgermeister von Nürnberg dem Führer als symbolische Gabe eine wertvolle Nachbildung des alten Reichsschwertes.
Sonderaufnahme für den „J. B." von Heinrich Hoffmann.

Willy Liebel
1897–1945

Als früher Protagonist der völkischen Szene in Nürnberg stellt Willy Liebel seine Druckerei in deren Dienste. Auch Streichers *Stürmer* wird hier gedruckt. Ab 1929 sitzt er für die NSDAP im Stadtrat. Im April 1933 wird Liebel durch den widerrechtlich nach den Ergebnissen der Reichstagswahl zusammengesetzten Nürnberger Stadtrat zum neuen Oberbürgermeister der *Stadt der Reichsparteitage* gewählt.

Liebel fördert gezielt Nürnbergs Image als *deutscheste aller deutschen Städte*. Zahlreiche Maßnahmen zur sogenannten *Entschandelung* der Altstadt gehen auf sein persönliches Engagement zurück. Ab 1942 arbeitet er zusätzlich für Albert Speer im Rüstungsministerium. Liebel wird bei Kriegsende in Nürnberg tot aufgefunden.

Symbolpolitik
Beim Reichsparteitag 1935 überreicht Liebel Hitler als *Erbe der deutschen Kaiser* symbolträchtig eine Nachbildung des Reichsschwerts. 1938 setzt er die Rückholung der originalen Reichskleinodien von Wien nach Nürnberg durch.

← Liebel (links) und Hitler (rechts) 1935
in: Illustrierter Beobachter 19.9.1935, Dokumentationszentrum Reichsparteitagsgelände D-0326-02

Eva Rößner in einem Interview 2008

„Spätestens nach diesen Ereignissen konnte keiner mehr sagen, er hätte von nichts gewusst."

↗ Helmut Reister: Nürnbergerin (82): „So erlebte ich die Reichskristallnacht", in: Abendzeitung München 27.10.2008
→ Eva Rößner 1942, Privatbesitz Ursula Rössner

Zeitzeugin aus Überzeugung
Keine leichte Angelegenheit für Eva Rößner: Unzählige Male stellt sie sich bis in ihr 90. Lebensjahr den Erinnerungen an die NS-Zeit und beantwortet mit schier unendlicher Geduld die Fragen von Schulklassen.

↑ Eva Rößner bei einem Zeitzeugengespräch 2013
Dokumentationszentrum Reichsparteitagsgelände D-0323-01

Eva Rößner
1926–2019

Unmittelbar nach der Machtübernahme beginnt für die Familie der Nürnbergerin Eva Rößner die politische und rassische Verfolgung. Vater Walter Jakob stammt aus einer gutbürgerlich-jüdischen Kaufmannsfamilie. Gemeinsam mit Evas Mutter Gretl ist er in der sozialistischen Arbeiterbewegung aktiv.

Gleich im März 1933 taucht der Vater unter und wandert aus. Sofort kommt die Mutter in Haft, die Kinder zu den nichtjüdischen Großeltern. Walter Jakob befreit seine Frau durch die Scheidung aus der Haft, die Familie bleibt unter Beobachtung der Gestapo. Bis zuletzt halten sie Kontakt zu den jüdischen Großeltern Max und Therese Jakob, die 1942 nach Izbica deportiert und ermordet werden. Eva und ihr Bruder Hans überleben bei der mütterlichen *arischen* Familie in Nürnberg.

Nationales Großereignis

Kostbare Scherben

Besonders tief und unvergesslich sind die Erinnerungen an die Zerstörungen der Reichspogromnacht im November 1938. Die Wohnung der jüdischen Großeltern beschreibt Eva Rößner als ein einziges Trümmerfeld, alles ist zerschlagen und durcheinandergeworfen. Nach Eva Rößners Tod übergibt ihre Tochter die Scherben einer in dieser Nacht zerstörten Kristallvase dem Dokumentationszentrum als einzigartiges Exponat.

↓ Scherben der Vase von Familie Jakob 9.11.1938
Dokumentationszentrum Reichsparteitagsgelände DZO-0163/
Objektfoto: Tim Hufnagl

Nationales Großereignis

Baustelle Reichsparteitagsgelände

Vision eines „Gesamtkunstwerks"

Bauen hat für Hitler besondere Bedeutung. Das Reichsparteitagsgelände soll der architektonische Rahmen für die Inszenierung der nationalsozialistischen Gesellschafts- und Staatsordnung werden. Architekt Albert Speer sprengt mit seinen Planungen für Nürnberg alle bis dahin gekannten Dimensionen.

Der eigens gegründete Bauträger Zweckverband Reichsparteitag Nürnberg ermöglicht das Projekt mit Finanzmitteln des Deutschen Reiches. Die Stadt steuert Grundstücke und Teile ihres Verwaltungsapparates bei. 1938 schätzt man die Baukosten auf 600 Millionen Reichsmark – Tendenz steigend.

Weit über die architektonische Funktion hinaus sollen Baumodelle als Teil der Propaganda die Vision des *Gesamtkunstwerks* Reichsparteitagsgelände vorab Wirklichkeit werden lassen. Mit Kriegsbeginn werden die Baustellen größtenteils stillgelegt, nur zwei Bauten sind fertiggestellt.

„Größter Baumeister aller Zeiten"
Die Propaganda inszeniert Hitler als eng mit den Arbeitern verbundenen Visionär des neuen Deutschlands und seiner Bauten.

→ Zeichnung Hitler auf Baustelle 1939
in: Berliner Illustrierte Zeitung 20.4.1939, Dokumentationszentrum Reichsparteitagsgelände D-0326-01

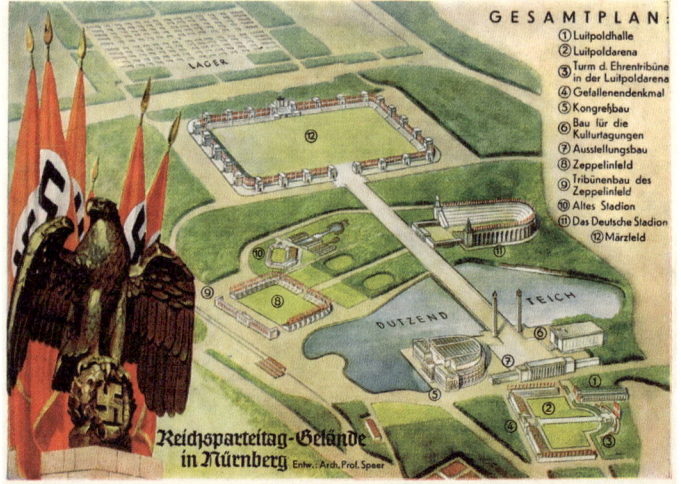

Gezeichnete Utopie
Von der Gesamtplanung für das Reichsparteitagsgelände werden bis Kriegsbeginn nur Luitpoldarena und Zeppelinfeld fertiggestellt. Die Landschaftsplanung sieht ein ausschließlich für die Parteitage geeignetes Areal ohne Freizeitnutzung vor.

↑ Postkarte mit Gesamtplan 1937
Dokumentationszentrum Reichsparteitagsgelände Ph-1167

Baustelle Reichsparteitagsgelände

Internationale Modellschau
Bis zum Baustopp 1939 kommen die Arbeiten am
Deutschen Stadion nicht über die Baugrube hinaus.
Schon bei der Grundsteinlegung 1937 wird ein
Großmodell präsentiert und tourt von 1940 bis 1943
mit der Ausstellung *Neue Deutsche Baukunst*
durch Europa.

↑ Ausstellungsraum in Barcelona 1942
Arxiu Nacional de Catalunya 340717, 0029

Attraktion zwischen den Parteitagen
Führungen über die Großbaustelle, inklusive
Besichtigung der Modellschau, werden mehrfach
täglich angeboten.

↑ Plakat Führungsangebot nach 1935
Stadtarchiv Nürnberg C 32/I Nr. 41

Modellsegment Deutsches Stadion
Großmodelle im Maßstab 1:100 spielen eine große
Rolle in der nationalsozialistischen Propaganda.
Von den zeitgenössischen Originalen ist jedoch keines
erhalten. Für den Film *Speer und Er* lässt Regisseur
Heinrich Breloer 2005 einen Nachbau anfertigen.

← Modellsegment Deutsches Stadion 2005
Dokumentationszentrum Reichsparteitagsgelände DZ-0164/Objektfoto: Stefan Meyer

Baustelle Reichsparteitagsgelände

↓ Ludwig Ruff 1920er Jahre, Stadtarchiv Nürnberg C 21/VII Nr. 132_Ruff, Ludwig_1

Ludwig Ruff
1878–1934

Der seit 1908 in Nürnberg ansässige Architekt Ludwig Ruff vertritt zunächst das traditionelle Bauen. Auf der Suche nach einem neuen Baustil kombiniert er Ende der 1920er Jahre moderne Bauformen mit traditioneller Formensprache und Monumentalität. 1931 schlägt er am Ufer des Dutzendteiches den Bau einer Stadthalle vor.

Dieses Projekt empfiehlt ihn nach 1933 offensichtlich für den Entwurf der Kongresshalle am selben Standort. Das angeblich auf Anregung Hitlers zurückgehende Bauprojekt ist der erste Monumentalbau des NS-Regimes. Völlig unerwartet stirbt Ruff im Jahr 1934. Sein Sohn Franz übernimmt das Architekturbüro samt laufender Aufträge und baut die Kongresshalle weiter bis zur Einstellung der Bauarbeiten nach Kriegsbeginn.

Phoebus-Palast

Das Großkino Phoebus-Palast, nach Plänen Ruffs 1927 eröffnet, weist eine Mischung aus modernen Fensterbändern und traditionellen Rundbögen auf. Theaterbauten und Filmkulissen gelten als wichtige Vorläufer für die Monumentalarchitektur ab 1933.

← Phoebus-Palast 1927
in: Fränkische Monatshefte 5 (1928), Dokumentationszentrum
Reichsparteitagsgelände D-0302-03

„SS und Polizei könnten hier ruhig hart zufassen und die Leute, die als Bummelanten bekannt sind, in KZ-Betriebe stecken. Anders geht es nicht."

↗ Bundesarchiv Berlin R 3 Nr. 1697
↓ Albert Speer 1938, in: Die Woche 24.8.1938, Dokumentationszentrum Reichsparteitagsgelände D-0320-02

Albert Speer
1905–1981

Albert Speer steigt ab 1933 zum führenden Architekten Deutschlands auf und erhält 1934 den Auftrag, einen Gesamtplan des Reichsparteitagsgeländes zu entwerfen. Als *Generalbauinspektor für die Reichshauptstadt* ist Speer ein zentraler Akteur für das deutsche Bauwesen. Bereits als Architekt bedient er sich verbrecherischer Methoden, z. B. genehmigt er 13 Millionen Reichsmark zum Ausbau des Konzentrationslagers Ausschwitz-Birkenau.

Als Rüstungsminister ist er ab 1942 einer der Hauptverantwortlichen für die Verschleppung von Zwangsarbeitern. Trotzdem wird Speer im *Nürnberger Hauptkriegsverbrecherprozess* nur zu 20 Jahren Haft verurteilt. Ab 1966 macht er in der Bundesrepublik eine dritte Karriere als Bestsellerautor und viel beachteter Zeitzeuge des Nationalsozialismus.

Regelmäßige Baustellenbesuche
Bis 1939 inszeniert sich Hitler häufig beim Austausch mit seinem bevorzugten Architekten direkt auf der Baustelle, hier bei einer Besichtigung der Baumaßnahmen in Nürnberg.

← Speer (rechts), Hitler (links) und Liebel 1935
Bayerische Staatsbibliothek München/Bildarchiv, Fotoarchiv Hoffmann J.88

Architektur als Kulisse

Für die gewünschte Wirkung bei den Parteitagen wird die Architektur mit Licht, Feuer und Fahnen aufwendig in Szene gesetzt. Die Illuminierung der Zeppelintribüne verstärkt beim sogenannten *Lichtdom* den sakralen Charakter der Inszenierung. Zwei große Flammenschalen und zahlreiche Scheinwerfer sind baulich vorgesehen.

Bereits vor 1933 zelebriert die NSDAP bei ihren Veranstaltungen einen regelrechten Fahnenkult. Auf den Reichsparteitagen bekommen Fahnen zentrale Bedeutung. Hakenkreuzfahnen dienen als Schmuck der architektonischen Kulisse sowie zur Inszenierung der uniformierten Menschenmenge. Mit weithin sichtbarer Präsenz symbolisieren sie den Machtanspruch.

Neue Lautsprechertechnik überträgt die Reden auf das Feld und ermöglicht eine fast zeitgleiche Befehlsübermittlung zur Steuerung der Massenchoreographie.

Fahnenkult
Der technisch hochprofessionalisierte Fahnenkult bietet den Zeitgenossen spektakuläre Bilder. Riesige Fahnen sind fester Bestandteil der Dekoration der Parteitagsbauten und unterstreichen die weihevolle Atmosphäre.

↑ Luitpoldhalle 1938
Dokumentationszentrum Reichsparteitagsgelände D-0314-04

↗ Luitpoldarena 1938
Dokumentationszentrum Reichsparteitagsgelände D-0314-03

„Lichtdom"

Zur Inszenierung von Zeppelinfeld und Zeppelin-tribüne kommen hunderte Scheinwerfer unter-schiedlicher Bauart zum Einsatz. Als Höhepunkt beim Appell der Politischen Leiter postiert Albert Speer große Flakscheinwerfer rund um das Areal, die weit in den Himmel strahlen. Zeitgenössisch ist dies so beeindruckend, dass der Maler Robert Sluka 1938 ein Gemälde des *Lichtdoms* anfertigt. Unzählige Fotografien versuchen, das Spektakel festzuhalten.

← Scheinwerfer zur Beleuchtung der Zeppelintribüne um 1936
Dokumentationszentrum Reichsparteitagsgelände DZO-0165/
Objektfoto: Christian Sperber

↙ Robert Sluka: *Nürnberg 9. Sept. 1938*
Dokumentationszentrum Reichsparteitagsgelände DZO-0141/
Objektfoto: Rudi Ott

↓ *Lichtdom* auf dem Zeppelinfeld 1936
Dokumentationszentrum Reichsparteitagsgelände Ph-0731-02

Baustelle Reichsparteitagsgelände

Granit aus Konzentrationslagern

Für seine Bauprojekte benötigt Albert Speer große Mengen Naturstein. Granit ist ein bevorzugtes Baumaterial für seine monumentale Architektur. Um Kosten zu senken, sucht Speer ab 1937 die Kooperation mit der SS. Er finanziert die Deutschen Erd- und Steinwerke (DESt), ein Unternehmen der SS. Durch Neugründung von Konzentrationslagern bei Steinbrüchen sollen die DESt Granit für die Parteitagsbauten und andere Projekte Speers liefern.

Während beim Reichsparteitag 1938 in Nürnberg *Deutsche Arbeit* mit zehntausenden Männern des Reichsarbeitsdienstes verherrlicht wird, werden zeitgleich Häftlinge in den Steinbrüchen der Konzentrationslager eingesetzt. Schwerste körperliche Arbeit, mangelnde Sicherheitsvorkehrungen, Hunger, Kälte und die Gewalt der SS führen zum Tod tausender Häftlinge in den KZ-Steinbrüchen.

Deutsche Erd- und Steinwerke
Die Deutschen Erd- und Steinwerke organisieren die Ausbeutung von KZ-Häftlingen in den Steinbrüchen der Konzentrationslager Flossenbürg, Mauthausen, Groß-Rosen und Natzweiler-Struthof. Das KZ Natzweiler-Struthof wird eigens für den Steinbedarf des geplanten Deutschen Stadions gegründet.

↑ Briefkopf DESt 1943
KZ-Gedenkstätte Flossenbürg

Arbeit im Steinbruch

Mit einem eigenen Ausbildungsprogramm für die
Häftlinge versucht die DESt, in den Konzentrationslagern auch hochwertige Werksteine zu produzie-
ren. Dies gelingt nur ansatzweise – auch wegen der
willkürlichen Gewalt im KZ-System.

↓ Steinbruch KZ Flossenbürg um 1942
Instituut voor Oorlogs-, Holocaust- en Genocidestudies, Amsterdam 67105

Baustelle Reichsparteitagsgelände

 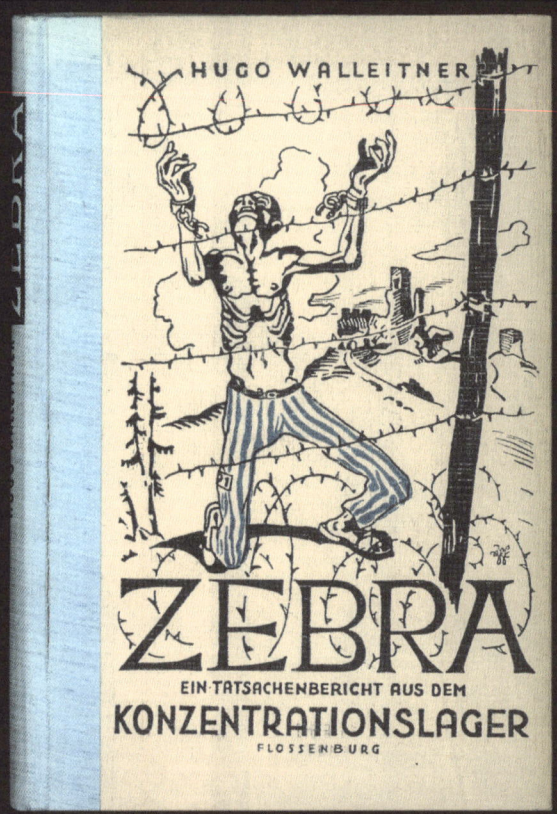

Ausbeutung bis zum Tod
Nach dem Krieg verarbeiten viele Häftlinge ihre
traumatischen Erlebnisse aus der Zeit im
Konzentrationslager in Büchern und Zeichnungen.

↑ Richard Grune: *Gefangener im Steinbruch* 1947
in: Passion des 20. Jahrhunderts, Hamburg 1947

↗ Hugo Walleitner: Zebra. Ein Tatsachenbericht aus dem
Konzentrationslager Flossenbürg, Bad Ischl 1946
Dokumentationszentrum Reichsparteitagsgelände DZO-0166

„Niemand von uns Gefangenen hat hier Jemandem leidgetan. [...] Viele wurden von den herunterfallenden Steinen erschlagen oder verletzt."

↗ Dokumentationszentrum Reichsparteitagsgelände
↘ Sergij Rybalka 2000, Dokumentationszentrum Reichsparteitagsgelände Ph-1044

Häftlingsnummer 135
Sergij Rybalka nach der Befreiung 1945. Unter sein Foto zeichnet er den Häftlingswinkel und seine niedrige Häftlingsnummer 135. Diese bekommt er 1942 von einem verstorbenen Häftling durch die SS zugeteilt.

↑ Beschriftetes Foto von Sergij Rybalka 1945
Archiv der Arbeitsgemeinschaft ehemaliges KZ Flossenbürg e.V.

Sergij Rybalka
1925–2013

Sergij Rybalka wird 1942 aus der Ukraine nach Deutschland zur Zwangsarbeit deportiert. Nach einem gescheiterten Fluchtversuch weist ihn die Gestapo 1942 in das KZ Flossenbürg ein. Dort muss er zunächst im Granitsteinbruch arbeiten. Unter den Häftlingen ist bekannt, dass aus Flossenbürg auch nach Nürnberg Steine geliefert werden.

Am 23. April 1945 befreit die US-Army Sergij Rybalka und andere im Lager zurückgebliebene kranke Häftlinge. Er kehrt in die Ukraine zurück und arbeitet als Ingenieur in seiner Heimatstadt Poltawa. Dort ist er Vorsitzender einer Organisation antifaschistischer Widerstandskämpfer. Sergij Rybalka kommt mehrfach nach Deutschland und stellt sich dem Dokumentationszentrum Reichsparteitagsgelände als Zeitzeuge für ein Interview zur Verfügung.

Medienereignis Reichsparteitag

Gemachte Bilder – Gestiftete Erinnerung

Früh erkennen NS-Propagandisten die suggestive Wirkungskraft der Bild-propaganda und setzen diese in bislang unbekanntem Maß ein. Schon die herausgehobene Stellung Heinrich Hoffmanns als *Leibfotograf* Hitlers zeigt die Bedeutung von Bildern für das Regime.

Noch mehr Aufmerksamkeit als Fotografien bekommen bewegte Bilder. Die Wochenschau in den deutschen Kinos widmet sich den Massenveranstaltungen in Nürnberg zunächst eher nüchtern. In der staatlich initiierten Filmproduktion *Triumph des Willens* vermittelt Regisseurin Leni Riefenstahl ein bildgewaltiges Ideal des Reichsparteitags 1934.

Die aufwendig produzierten Bildwelten sind keine Dokumentation der realen Ereignisse. Sie verklären das *Nürnberg-Erlebnis* und stiften gezielte Erinnerung. Zusammen mit zahlreichen Andenken soll so eine langfristige emotionale Bindung an das Gemeinschaftserlebnis und damit an den NS-Staat erzeugt werden.

Sammelalben, Erinnerungsbände, Abzeichen
Eine beispiellose Bilderflut vermittelt das Partei-tags-Erlebnis einer breiten Öffentlichkeit. Fotos dominieren die Werbeprodukte zur Erinnerung an die Reichsparteitage. Neben Postkarten und verschiedenen Erinnerungsbänden zählen Sammel-alben zum Einkleben von Bildern zu den populärsten Produkten. Sie erreichen Auflagen in Millionen-höhe. Insbesondere die Parteitagsabzeichen finden großen Absatz.

← Parteitagsabzeichen 1934, 1935, 1937, 1938
Dokumentationszentrum Reichsparteitagsgelände DZO-0011/
Objektfoto: Rudi Ott

↗ Vitrine mit Sammelalben für Zigarettensammelbilder
und Erinnerungspostkarten (teils Repliken)
Dokumentationszentrum Reichsparteitagsgelände DZO-0171-01; -02/
Objektfoto: Christian Sperber

Nicht vor Ort und doch dabei

Die meisten Deutschen sind bei den Parteitagen nicht selbst dabei. Durch umfangreiche Berichterstattung vor, während und nach der Veranstaltung sollen auch sie eingebunden werden. Bis zu 750 Journalisten aus dem In- und Ausland sind in Nürnberg akkreditiert. Zu den Reichsparteitagen erscheinen zahlreiche Sonderausgaben oder -beilagen in Tages- und Wochenzeitungen. Offizielle Anweisungen und eine verbreitete Selbstzensur bestimmen die Darstellungen.

Mit dem *Großdeutschen Rundfunk* möchte Propagandaminister Joseph Goebbels über preisgünstige Radioempfänger ein ortsunabhängiges Erleben ermöglichen und ein großes Publikum erreichen. Das Fernsehen startet im März 1935, das erhoffte Miterleben des Reichsparteitags 1936 am Bildschirm scheitert aber nicht nur an der mangelnden Erfahrung der Reporter: Die unausgereifte Technik des neuen Mediums ist für Propagandazwecke ungeeignet.

Reichsparteitag im Radio
In Deutschland gibt es Ende der 1930er Jahre über elf Millionen Radiogeräte. Diese erreichen bei weitem nicht die ganze Bevölkerung. Gemeinschaftliches Radiohören in Betrieben, Gaststätten und Hausgemeinschaften ist insbesondere zu den Reichsparteitagen üblich und wird von der NS-Propaganda intensiv beworben. Manchmal streikt die Technik jedoch:

„Wir saßen im großen Sitzungssaal auf unseren Plätzen und hörten anderthalb Stunden lang nur unverständliches Gebrüll und Lärm aus dem Lautsprecher. Dazwischen einmal ein paar Wortfetzen aus dem Mund des großen Schreiers. Es war eine Nervenprobe. […] Da plötzlich erlitt ein junger Buchhalter, dessen Nerven es nicht mehr aushielten, einen Lachkrampf. […] Er schrie vor Lachen, fiel zu Boden, stieß hilfreiche Hände von sich und wälzte sich buchstäblich vor Lachen auf dem Teppich."

Aufzeichnungen aus der Autobiographie von Josepha von Koskull (1898–1996) aus Berlin über eine Rundfunkübertragung vom Reichsparteitag 1938
in: Josepha von Koskull: Reichsparteitag der NSDAP 1938, Deutsches Historisches Museum-Bestand Inv.-Nr.: Do2 98/501

← Aushang *Werde Rundfunkhörer!* o. J.
Stadtarchiv Bremen 9,P_03080

→ Rundfunkgerät Volksempfänger Typ VE 301 GW
Dokumentationszentrum Reichsparteitagsgelände DZO-0168/
Objektfoto: Tim Hufnagl

Sonderausgaben zu den Reichsparteitagen

Sonderhefte des Parteiorgans *Illustrierter Beobachter* bringen Bilder und Berichte vom Parteitag ins gesamte Reich. Auch nicht parteiamtliche überregionale und lokale Blätter legen eigene Sonderausgaben vor. In der Regel sind die Berichte wenig innovativ und von Wiederholungen geprägt. Die Nürnberger Zeitungen steuern umfassende Hintergrundberichte bei.

↑ 8-Uhr-Blatt 24.8.1933
Stadtbibliothek Nürnberg Ztg 16 (1933, 7–9)

↗ Illustrierter Beobachter 9.9.1933
Dokumentationszentrum Reichsparteitagsgelände D-0326-03

„Triumph des Willens"

Aus 130.000 Metern Filmaufnahmen vom Parteitag 1934 konstruiert Regisseurin Leni Riefenstahl einen scheinbar perfekten Parteitag, ohne sich an die tatsächliche Chronologie der Ereignisse zu halten. Im Auftrag der Partei reizt sie die technischen Möglichkeiten voll aus. Ausgestattet mit einem Budget von 300.000 Reichsmark arbeitet sie mit 16 Kamerateams und einer über hundertköpfigen Filmcrew. Anfang 1935 kommt der offizielle Parteitagsfilm in die deutschen Kinos.

→ Filmplakat *Triumph des Willens* 1935
Dokumentationszentrum Reichsparteitagsgelände D-0063-02

Hinter den Kulissen

In einem zeitgenössischen Bildband, einer Art Making of *Triumph des Willens,* erklärt Leni Riefenstahl den Einsatz verschiedener, teils innovativer Produktionstechniken. Mit speziellen Kameraeinstellungen und -positionen wie dem Aufzug an einem Fahnenmast in der Luitpoldarena, einer Versenkung in der Rednertribüne oder im rückwärts bzw. im Kreis fahrenden Wagen, setzt sie Ereignisse sowie Personen im Sinne der NS-Ideologie spektakulär in Szene. Riefenstahl geht es um das Erlebnis, nicht um Dokumentation. Ungewöhnliche Schnitte sowie Licht- und Musikeffekte komplettieren die filmische Konstruktion.

← ↙ → → Dreharbeiten 1934
in: Leni Riefenstahl: Hinter den Kulissen des Reichsparteitag-Films, München 1935, Stadtbibliothek Nürnberg Amb. 4. 1883

„1×1" der Bildpropaganda

Mit der Produktion gestellter Bilder und deren Veröffentlichung wird Heinrich Hoffmann *Hitlers Begleiter an die Macht.* Eine gezielte Auswahl, sorgfältige durchdachte Choreographien, arrangierte Bildkompositionen und bewusst eingesetzte Perspektiven machen diese Bilder als Konstrukte der NS-Propaganda erkennbar.

Hitler auf der Rednertribüne in der Luitpoldarena, Reichsparteitag 1935
Die Aufnahme von Adolf Hitler auf der Rednertribüne in der Luitpoldarena beim Reichsparteitag 1937 legt die arrangierten Bildkompositionen und die bewusst angelegten Perspektiven offen: Licht und Schatten, Architektur sowie aussagekräftige Symbole werden hier gezielt eingesetzt.

→ Cigaretten-Bilderdienst (Hg.): Adolf Hitler.
Bilder aus dem Leben des Führers, Leipzig 1936 u.a.
Dokumentationszentrum Reichsparteitagsgelände D-0358

① Die große, helle Fläche der Rednertribüne dominiert das Bild und lenkt den Blick auf die mächtig anmutende, monumentale Architektur. Der Effekt wird noch verstärkt durch den schattigen und kleinteiligen Hintergrund. Zudem fungiert das Hakenkreuz in der Bildmitte auf hellem Hintergrund als Blickfang.

② Die kleine Figur Hitlers lässt die Bauten im Vergleich noch monumentaler erscheinen. Die Perspektive unterstützt Hitlers Auftritt, indem sie ihn emporhebt und von anderen Personen absetzt: Dank der „idealisierten" Besucherperspektive und des Bildzuschnitts steht Hitler allein über den Massen und ist trotz der geringen Größe gut erkennbar.

③ Fahnenträger im Hintergrund verstärken den Gegensatz zu Hitler: Neben der anonymen Masse vor dunklem Hintergrund hebt sich Hitler vor dem hellen Himmel im Vordergrund ab. Der Bildausschnitt und die Aufnahme gegen den hellen Himmel betonen den Adler als zentrales NS-Symbol.

Hitler und Hess in der Luitpoldarena,
Reichsparteitag 1937
An dieser Aufnahme von Adolf Hitler und Rudolf
Heß in der Luitpoldarena beim Reichsparteitag 1937
lässt sich die gezielte Choreographie des Bildes
zeigen: Position, Körperhaltung, Blickrichtung der
Figuren, aber auch die Umgebung, hier v. a. die Fahnen
sind bei der Bildkomposition auf die gewünschte
Aussage hin ausgewählt.

→ Heinrich Hoffmann: Parteitag der Arbeit, Berlin 1937
Dokumentationszentrum Reichsparteitagsgelände D-0359

① Hitler geht deutlich voran und setzt sich von
seinen Begleitern ab. Seine Körperhaltung und der
frontale „Blickkontakt" mit der Kamera erzeugen
den Eindruck der Bewegung und lenken den Blick
noch stärker auf ihn.

② Der deutliche, aber im Vergleich zu den Begleitern
wesentlich kleinere Abstand zu Hitler macht Heß
als *Stellvertreter des Führers* erkennbar. Seine
Körperhaltung und Blickrichtung verstärken die
Bewegungsdynamik.

③ Auch die Treppe sowie das SS-Spalier haben
eine Funktion für die Perspektive der Aufnahme:
Durch die Verengung nach hinten wird die zentrale
Position Hitlers verstärkt.

④ Die Fahnen repräsentieren die Inszenierung der
Parteitage: Sie füllen die obere Bildhälfte und lassen
alle abgebildeten Personen eher klein erscheinen.
Die mittlere Fahne verlängert die Zentralperspektive
auf Hitler.

⑤ Vier Medienvertreter – ein Bildberichterstatter,
eine Kamera, der besetzte Aufzug am Fahnenmast
und der Fotograf dieser Aufnahme sind passgenau
ins Setting eingebunden und zeigen die aufwendige
Bildproduktion.

Medienereignis Reichsparteitag

Leni Riefenstahl in einem Interview 1993

„Wo liegt denn meine Schuld?"

↗ Ray Müller: Die Macht der Bilder 1993
↓ Leni Riefenstahl 1934, in: Leni Riefenstahl: Hinter den Kulissen des Reichsparteitag-Films, München 1935, Stadtbibliothek Nürnberg Amb. 4. 1883

Leni Riefenstahl
1902–2003

In Berlin geboren und aufgewachsen, kommt die ausgebildete Tänzerin Leni Riefenstahl 1925 mit der Filmbranche in Kontakt. Schon vor 1933 hat sie als Schauspielerin und Regisseurin Erfolg. Einem kurzen Film über den Reichsparteitag 1933 im Auftrag der NSDAP folgt *Triumph des Willens*. Die international preisgekrönte filmische Inszenierung des Parteitags 1934 gilt bis heute als einer der bekanntesten Propagandafilme.

Niemals Parteimitglied, wird Riefenstahl nach dem Krieg als Mitläuferin eingestuft und bleibt straffrei. Sie arbeitet als Fotografin und dreht mit knapp hundert Jahren ihren ersten Unterwasserfilm. Bis zu ihrem Tod 2003 streitet Riefenstahl eine politische Verantwortung oder moralische Schuld vehement ab.

„Die Macht der Bilder"
Anlässlich ihres 90. Geburtstags porträtiert Filmemacher Ray Müller Leni Riefenstahl in einem dreistündigen Dokumentarfilm. Dabei konfrontiert er sie auch mit ihrem ehemaligen Drehort Reichsparteitagsgelände. Für seine gelungene Darstellung erhält er 1993 einen Emmy-Award.

← Leni Riefenstahl auf der Zeppelintribüne 1993
in: Ray Müller: Die Macht der Bilder 1993

Heinrich Hoffmann in einem Gespräch nach 1945

„Der Fotograf bildet ab, er hält fest, sonst nichts."

↗ Tim Hoesmann: Hitler-Fotografien: Vom Recht an den Bildern des Bösen, in: Legal Tribune Online 14.2.2011
→ Heinrich Hoffmann 1938, Bayerische Staatsbibliothek/Bildarchiv, Fotoarchiv Hoffmann M.86

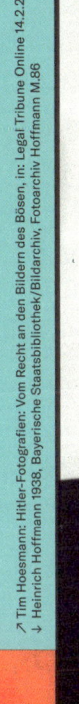

Heinrich Hoffmann
1885–1957

Schon 1920 tritt Heinrich Hoffmann in die NSDAP ein. Als offizieller *Reichsbildberichterstatter* hat er exklusiv Zugang zu Adolf Hitler. Zwischen 1923 und 1945 machen der Münchner Fotograf und seine Mitarbeiter etwa eine halbe Million Aufnahmen. Dank Veröffentlichungsmonopol verdient er mit der Marke *Hitler* Beträge in zweistelliger Millionenhöhe. Als dessen offizieller Kunstberater engagiert er sich 1938 beim Verkauf beschlagnahmter *entarteter Kunst*.

Nach Kriegsende wechselt er die Seiten: Für den Internationalen Militärgerichtshof identifiziert er die Personen auf seinen Bildern. Gegen seine Einstufung als Hauptschuldiger im Rahmen seiner *Entnazifizierung* wehrt er sich erfolgreich. Nach nur vier Jahren Haft wird er 1950 entlassen, das Verfahren Anfang 1957 ohne Auflagen eingestellt.

„Erfinder des Führerkults"
Fast zwanzig Bildbände mit Hitler im Titel bringt Hoffmanns *Verlag nationalsozialistischer Bilder* zwischen 1933 und 1942 auf den Markt. Die enge Zusammenarbeit zwischen Adolf Hitler und dem Fotografen ist entscheidend für die Selbstinszenierung Hitlers.

← Heinrich Hoffmann: Hitler wie ihn keiner kennt, Berlin 1932
Dokumentationszentrum Reichsparteitagsgelände D-0327-01

Internationale Reaktionen

Die Präsenz ausländischer Ehrengäste und Diplomaten auf den Reichsparteitagen soll das internationale Ansehen des NS-Staats stärken. Viele zögern, Deutschland diese Ehre zu erweisen. Daher lädt Hitler ab 1935 in seiner offiziellen Funktion als Reichskanzler gezielt ausländische Diplomaten ein. Großbritannien und Frankreich entsenden dennoch erst 1937 ihre Botschafter. Ein Jahr später nimmt auch der Vertreter der USA am Reichsparteitag teil, während die Sowjetunion erneut ablehnt.

Trotz massiver Beeinflussungsversuche entlarven internationale Journalisten die Reichsparteitage von Anfang an als Propagandaveranstaltungen. Je nach Land, politischer Ausrichtung der Zeitung und Zeitpunkt der Veröffentlichung fällt die Berichterstattung kritisch oder zustimmend aus. In Karikaturen und Artikeln werden insbesondere die verkündeten Friedensbotschaften hinterfragt.

André François-Poncet, Botschafter in Berlin
über den Reichsparteitag 1937

„Diese Stimmung […] beeindruckt die Ausländer stark. […] Es geht davon eine Wirkung aus, der viele nicht zu widerstehen vermögen, sie kehren heim, verführt und gewonnen, reif zur Mitarbeit, ohne die gefährliche Wirklichkeit bemerkt zu haben, die sich unter dem trügerischen Prunk der großartigen Aufmärsche verbirgt."

in: André François-Poncet: Botschafter in Berlin, Mainz 1948, S. 273

„Hitler in kriegerischer Rede"
Warnende Berichterstattung zum *Reichsparteitag Großdeutschland* 1938.

→ The Chicago Daily News 12.9.1938
Dokumentationszentrum Reichsparteitagsgelände D-0333-02

Auf der Haupttribüne
Zusammen mit seinen Kollegen aus Großbritannien, Brasilien und der Türkei verfolgt der französische Botschafter André François-Poncet (vierter von links) die *NS-Kampfspiele* auf dem Reichsparteitag 1937.

↑ Diplomaten auf der Zeppelintribüne 1937
ullstein bild/Scherl Mediennr. 00280475

ddle
ding-
ufac-
,000

when
ve of
ation
they
stag
for
eries

ürer
dolf
week
hou-
ized
nany

on
the
redi-
rked

d for
umb-
imes
s of
sau-
,000
offee,
was

ning
was
free-
was
ions.
with
neu-
dom
nter-

The Boomerang

—*Strube* in **The Daily Express** *(London)*

Said Reichsleader Hitler: "The insult to the German flag—which has been settled in the most loyal manner by the American Government—is an illustration of the attitude of Jewry toward Germany, even when it is in an official capacity. . . ."

Apology

Hitler referred to Magistrate Louis B. Brodsky, of New York, who dismissed most of those arrested in the *Bremen* incident, at the same time comparing the swastika emblem to a pirate flag.

Secretary of State Cordell Hull apolo-

olic), and "certain elements of the stupid and reactionary bourgeoisie."

A sharp retort to Hitler's charge that the Catholic clergy of Germany was mingling in politics instead of looking exclusively to the care of souls was made by *L'Osservatore Romano*, the Vatican's official organ:

"The clergy's activity to-day is devoid of any political character. It is strictly connected with the defense of Catholic dogmatic and moral principles, as well as the spiritual welfare of the faithful."

Meanwhile, the German Embassy at Washington was formally notified on Sep-

„Der Boomerang"
Die Karikatur bringt zum Ausdruck, dass die
antisemitische NS-Politik Wirtschaftssanktionen
für das Deutsche Reich zur Folge hat.

← The Daily Express September 1935
Dokumentationszentrum Reichsparteitagsgelände D-0333-03

„Ausgepfiffene Sänger"
In der sowjetischen Zeitung *Isvestija* beim
internationalen Publikum durchgefallen: Hitler
als hysterischer Tenor, Göring als brüchiger
Baß und Goebbels als kreischende Ratte.

↓ Isvestija 17.9.1936
Dokumentationszentrum Reichsparteitagsgelände D-0333-04

Unity Mitford in einem Brief an den „Stürmer" 1935

„Wir freuen uns auf den Tag, an dem wir mit Gewalt und Autorität sagen können: England für Engländer!"

↗ Der Stürmer Nr. 30/1935, Stadtarchiv Nürnberg E 39 Nr. 2336_001
↓ Unity Mitford 1935, Stadtarchiv Nürnberg E 39 Nr. 2336_001

Unity Mitford
1914–1948

In London verkehrt die junge britische Adelige Unity Mitford in den intellektuell-liberalen Kreisen der Familien Rothschild und Churchill. 1934 tritt sie der britischen, faschistischen Partei *British Union of Fascists* bei. Sie zieht nach München, lernt Deutsch und wird zur fanatischen Anhängerin Hitlers und der NSDAP. Seit 1933 besucht sie jährlich die Reichsparteitage in Nürnberg. Mitford lernt Streicher, Hitler, Goebbels und Göring kennen und wird zum beliebten Gast in Bayreuth, Nürnberg und Berlin.

Am Tag der britischen Kriegserklärung an Deutschland schießt sie sich im Englischen Garten in München in den Kopf. Schwer verletzt kehrt Mitford nach England zurück. Ihre Vision der britisch-deutschen Freundschaft ist zerschlagen. Kurz nach dem Krieg stirbt sie an den Folgen ihres Selbstmordversuchs.

Im Kreis der NS-Prominenz
Beim Reichsparteitag 1937 sitzt Unity Mitford unmittelbar hinter der Schwimmsportlerin Anni Brandt, verheiratet mit Hitlers Arzt Karl Brandt, Hitlers Geliebter Eva Braun und Heinrich Hoffmanns Ehefrau Erna (von links nach rechts).

↑ Unity Mitford, Anni Brandt, Eva Braun und Erna Hoffmann auf dem Hauptmarkt 1937
Bayerische Staatsbibliothek München/Bildarchiv, Fotoarchiv Hoffmann L.65

William Shirer in seinem Tagebucheintrag 10.9.1934

„Man muss so etwas miterleben, um die Faszination zu verstehen, die Hitler auf das Volk ausübt, die Dynamik zu fühlen, die er in seiner Bewegung entfesselt."

↗ William Shirer: Berliner Tagebuch, Leipzig 1995
↓ William Shirer um 1940, ullstein bild/Scherl Mediennr. 4.01741273 (t)

WILLIAM L. SHIRER
THE RISE AND FALL
OF THE
THIRD REICH

'A work which everyone should read' Hugh Trevor-Roper

William Shirer
1904–1993

Im Alter von 21 Jahren tritt der Amerikaner William Shirer 1925 in Paris die Stelle des Korrespondenten bei der *Chicago Tribune* an. Im Sommer 1934 wird er in Berlin Auslandskorrespondent der Nachrichtenagentur *Universal News Service* und schreibt über die Reichsparteitage. 1937 wechselt er zum noch jungen Medium Rundfunk und berichtet für die *CBS New York* regelmäßig aus Berlin und anderen europäischen Metropolen.

Der studierte Historiker ist als Journalist bei der Unterzeichnung des Waffenstillstandsabkommens mit Frankreich im Wald von Compiègne dabei. Sein 1941 erstmals publiziertes *Berliner Tagebuch* wird ein Welterfolg. Nach dem Zweiten Weltkrieg berichtet er über die Nürnberger Prozesse. 1947 kehrt er in die USA zurück und verfolgt als Journalist die Gründung der Vereinten Nationen.

Frühe Analyse
William Shirer publiziert 1960 anhand der von den Alliierten sichergestellten Original-Dokumente eine detaillierte historische Analyse der nationalsozialistischen Gewaltherrschaft unter dem Titel *Aufstieg und Fall des Dritten Reiches*.

← William Shirer: The Rise and Fall of Adolf Hitler, London 1998
Dokumentationszentrum Reichsparteitagsgelände D-0332-01

Die Lebensbedingungen und Gewalterfahrungen der Kriegsgefangenen und Zwangsarbeiter – Frauen wie Männer – sind äußerst unterschiedlich. Hinter jedem Gesicht verbirgt sich ein individuelles Schicksal.

→ Mädchengruppe in einem Lager für Ostarbeiterinnen 1942
Stadtarchiv Nürnberg Bildchronik (Neg. N 208)

↘ Polnische Kriegsgefangene um 1940
Stadtarchiv Erlangen Rühl Negative 2461

1939 —45

Das Gelände im Krieg – Gefangenschaft, Zwangsarbeit und Deportation

Das Reichsparteitagsgelände im September 1939: Mit dem Überfall auf Polen löst Deutschland den Zweiten Weltkrieg aus. Statt jubelnder Teilnehmer kommen Gefangene nach Nürnberg. Die Wehrmacht funktioniert das bisherige SA-Teilnehmerlager in ein Lager für 30.000 Kriegsgefangene um. Verkehrsanbindung und Infrastruktur des Reichsparteitagsgeländes bieten dafür ideale Voraussetzungen. Bis Kriegsende sind hier Soldaten und Offiziere aus verschiedenen Nationen inhaftiert. Ihre Überlebenschance hängt vom militärischen Rang, dem Verlauf des Krieges und der rassistischen Einordnung durch die Nationalsozialisten ab.

Nicht nur für die Wehrmacht ist das Areal attraktiv. Auch Privatfirmen, Gestapo und SS richten dort Lager ein. Zudem fungiert das Gelände als Drehscheibe für den *Arbeitseinsatz*. Von hier aus werden Soldaten und zivile Zwangsarbeiter über ganz Nordbayern verteilt. Auch in Nürnberg müssen Kriegsgefangene und verschleppte Zivilisten aus den besetzten Gebieten – Frauen wie Männer – Zwangsarbeit leisten. Im Alltag der Nürnberger sind sie allgegenwärtig.

Tausende Kriegsgefangene und Zwangsarbeiter sterben während des Krieges an den katastrophalen Bedingungen oder werden gezielt ermordet. Der Bahnhof Märzfeld wird zum Ausgangspunkt der Deportationen für über 2.000 Juden aus Franken in die Vernichtungslager. Nur wenige überleben.

Seite an Seite
Deutsche Arbeiterinnen und uniformierte Männer, vermutlich italienische Militärinternierte, arbeiten im Nürnberger Siemens-Werk Seite an Seite. Kriegsgefangene und Zwangsarbeiter prägen den gesellschaftlichen Alltag im Krieg.

← Zwangsarbeiter 1944
Siemens Historical Institute B 2805 TW

Auf dem Weg ins „Russenlager"
Wo 1938 noch tausend Parteitagsteilnehmer im Zeltlager der SA untergebracht sind, marschieren vier Jahre später sowjetische Kriegsgefangene in Richtung ihrer improvisierten Zeltunterkünfte – dem sogenannten inoffiziellen *Russenlager*.

↓ Kriegsgefangene 1942
Dokumentationszentrum Reichsparteitagsgelände Ph-0401-12

Das Gelände im Krieg – Gefangenschaft, Zwangsarbeit und Deportation

Lagerkomplex Reichs- parteitagsgelände

Soldaten in Kriegsgefangenschaft

Ende 1939 befinden sich bereits 15.000 polnische Soldaten im kürzlich eingerichteten Mannschafts-Stammlager (Stalag) Nürnberg-Langwasser. Das Kriegsgefangenenlager liegt im Wehrkreis XIII. Es ist eines der größten im Deutschen Reich. Entsprechend den Kriegsschauplätzen durchlaufen bis 1945 über 150.000 Soldaten aus West-, Süd- und Osteuropa sowie den USA das Lager.

Die Arbeitskraft der Soldaten ist eine wichtige Ressource für die deutsche Kriegswirtschaft. Nach kurzer Zeit verlassen die meisten Gefangenen das Lager und werden auf *Arbeitskommandos* in Stadt und Land verteilt.

Bei Kriegsende ist die Situation katastrophal: Völlig entkräftet kommen tausende Soldaten und Offiziere im Lager an – die Wehrmacht treibt sie weiter ins Reichsinnere. Bei der Befreiung am 17. April 1945 trifft die US-Armee auf 14.000 kranke Gefangene. Hunderte, meist sowjetische Soldaten, sterben in den folgenden Wochen.

Selbstbehauptung und Solidarität

Polnische, französische und belgische Kriegsgefangene veranstalten 1940 heimlich eine Olympiade im Stalag. Sie wird in sechs Disziplinen ausgetragen und hebt die niedergeschlagene Stimmung im Lager. Den ersten Platz im 50-Meter-Lauf – Stil *Straf-Fröschchen* – erringt der polnische Gefangene Teodor Niewiadomski. Mit dieser Disziplin beziehen sich die Gefangenen auf eine beliebte Strafmaßnahme eines deutschen Wachsoldaten.

← Plakat von E. Turbaczewski 1940
Muzeum Sportu i Turystyki w Warszawie
(Museum of Sports and Tourism in Warsaw) Nr. 3360

Elende Lebensbedingungen

Nach der Befreiung besucht der Ermittler Bruce Macdonald das ehemalige Stalag in Langwasser. Er untersucht Verstöße gegen die völkerrechtlichen Bestimmungen. *Beweisstück S-3* dokumentiert die völlig unzureichende Unterbringung der Kriegsgefangenen in den letzten Wochen.

↑ Kriegsgefangenenlager Nürnberg-Langwasser 1945
Windsor Public Library – Community Archives PC-6387

Improvisation und Kälte

Bei extremen Minusgraden warten polnische Kriegsgefangene vor der Lagerkantine. Im Winter 1939/40 leben sie in ehemaligen Reichsparteitagszelten. Die Infrastruktur ihrer Gefangenschaft – Stacheldrahtzaun, Wachtürme und Wohn-Baracken – müssen sie selbst miterrichten.

← Kriegsgefangenenlager Nürnberg-Langwasser 1940
Stadtarchiv Erlangen Rühl-Negative 2466

Lagerkomplex Reichsparteitagsgelände

Mittwoch, 26. Juni;
26. Tag der Gefangenschaft

Nach dem Frühstück um 6:45 Uhr versammeln wir
uns und werden zu dem berühmt-berüchtigten Lager
gebracht, von dem so viel geredet wird. Niemand,
der dort war, ist je wiedergekommen, und das
aus gutem Grund.
Gleich nach unserer Ankunft dort beginnt eine
ganze Reihe von Formalitäten. In Zwanzigergruppen
betreten wir ein riesiges, bürokratisch
aussehendes Zelt.
Aufnahme unserer Personalien und Anmeldung.
Zu diesem Zweck bekommen wir ein Umhängeschild
um den Hals. Wir verlieren unsere Identität und
sind jetzt nichts mehr weiter als eine Nummer.
Von nun an bin ich der Gefangene 48007.
Im nächsten Büro werden wir unseres Geldes
beraubt, gegen Empfangsbestätigung! Weiter vorne
geht's ans Taschenausleeren. Wir dürfen nur unsere
Uhren behalten. Erneute Aufnahme von Personalien
und Beruf. Im folgenden Raum dann ein Foto,
in der Haltung eines zum Tode Verurteilten, das
Umhängeschild auf der Brust.
Und weiter zur Leibesvisitation. Man entreißt uns
die letzten in unserem Besitz verbliebenen Dinge.

Aufzeichnungen von Pierre Fourage o.J.
CegeSoma (Studien- und Dokumentationszentrum für Krieg und zeitgenössische Gesellschaften) AB1575

André Vergnes in seinen Notizen 1945

„Liebstes Mütterchen, lieber Vater, was denkt Ihr über Euren Sohn? Ich kann den Tag nicht erwarten, Euch wiederzusehen."

↗ Privatbesitz Marie-José Panarin/Bruno Vergnes
→ André Vergnes um 1940, Privatbesitz Marie-José Panarin/Bruno Vergnes

Die Suppe
Vergnes zeichnet ein zentrales Motiv der Gefangenschaft. Die Gefangenen drängen sich um den Suppentopf. Die Rationen bleiben oft hinter den vorgeschriebenen Mengen zurück.

↑ André Vergnes: *La Soupe* 1940
Privatbesitz Marie-José Panarin/Bruno Vergnes

André Vergnes
1917–1967

André Marie Vergnes wird in Südfrankreich geboren. Mit 22 Jahren muss er zum Militär und somit sein Kunststudium abbrechen. Im Juni 1940 gerät er in deutsche Gefangenschaft und kommt in das Stalag Nürnberg-Langwasser. Zu diesem Zeitpunkt ist es dicht mit Kriegsgefangenen aus Belgien und Frankreich belegt.

Nur kurz bleibt Vergnes im Lager, bevor er einem *Arbeitskommando* zugeteilt wird und in der Landwirtschaft arbeiten muss. In seiner freien Zeit zeichnet und malt er. In einigen seiner Bilder hält er die Situation im Stalag im Sommer 1940 fest. Nach fast fünfjähriger Gefangenschaft kehrt er 1945 nach Paris zurück und wird Kunstlehrer am Gymnasium.

„Den kleinen Neffen Vincenzino und Tonino hinterlasse ich meinen Baukasten."

Rovereto, 30·P·/13 1943.

Vi comunichiamo che è passato da questa stazione prigioniero delle truppe germaniche il vostro caro. Gode buona salute e vi invia cari saluti. Scriverà egli stesso appena possibile.

P. IL COMITATO

Lebenszeichen

Mit einer Postkarte teilt das Rote Kreuz der Familie mit, dass Angelo Cottinelli in Gefangenschaft geraten sei. Er sei bei guter Gesundheit, schicke Grüße und würde sich bald melden.

↑ Postkarte an Maria Cottinelli 1943
Privatbesitz Vincenzo Cottinelli

↑ Privatbesitz Vincenzo Cottinelli
↓ Angelo Cottinelli 1943, Privatbesitz Vincenzo Cottinelli

Angelo Cottinelli
1909–1944

Angelo Cottinelli kommt in Brescia, Italien zur Welt. Trotz gesundheitlicher Probleme zieht ihn die Armee 1943 ein. Als Italien im September 1943 Waffenstillstand mit den Alliierten schließt, kommt er krank in deutsche Gefangenschaft und wird als italienischer Militärinternierter (IMI) in das Stalag Nürnberg-Langwasser transportiert. Der NS-Staat verwehrt der Gruppe der IMI völkerrechtlichen Schutz.

Angelo Cottinelli muss in den *Arbeitseinsatz*. Dort verschlechtert sich sein Zustand rapide und er wird in das Reservelazarett für Kriegsgefangene in Nürnberg-Langwasser eingewiesen. Der Vorstoß zu seiner Entlassung in die Heimat kommt zu spät. Er stirbt am 25. Juni 1944 im Alter von 34 Jahren in deutscher Gefangenschaft.

Eugene Murphy in seinem Erinnerungsbericht 1980er Jahre

„Unser Schicksal als Kriegsgefangene war ein immerwährender Hungerzustand."

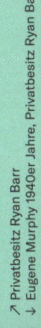

↗ Privatbesitz Ryan Barr
→ Eugene Murphy 1940er Jahre, Privatbesitz Ryan Barr

Man beachte: Füllung der Matratze im Vordergrund.
Die Jungs gönnen den Läusen ein Sonnenbad

Eugene Murphy
1917–1988

Eugene Murphy wird in Illinois geboren. Nach der Schule arbeitet er im Verkauf. Seit Ende 1940 ist er bei der Armee. Über Glasgow, Südengland und Frankreich erreicht Eugene Murphy mit seiner Einheit Ende Oktober 1944 Luxemburg und Belgien. Hier werden sie vom letzten Gegenangriff der Deutschen an der Westfront überrascht, bei der viele US-Amerikaner ihr Leben verlieren.

Eugene Murphy überlebt die Kämpfe, gerät aber in deutsche Gefangenschaft. Weihnachten 1944 kommt er mit einem Transport ins Lager Langwasser. Zu dieser Zeit herrschen dort chaotische Zustände. Er bleibt nur einige Wochen in Nürnberg, wird im April 1945 in Südbayern von US-Truppen befreit und kehrt noch im Mai zurück in die USA, wo er kurz darauf eine Familie gründet.

Aus Sicht der Gefangenen

Einem amerikanischen Kriegsgefangenen gelingt es, einen Fotoapparat in das Lager zu schmuggeln: Bombeneinschläge, Ungeziefer und Mangel bannt er auf Film. Die Fotos verbreiten sich nach dem Krieg unter den ehemaligen Gefangenen, auch Eugene Murphy klebt sie in ein Album.

← Fotoalbum von Eugene Murphy nach 1945
Privatbesitz Ryan Barr

Offiziere: Gefangene und Augenzeugen

1940 planen die Nationalsozialisten erneut einen Reichsparteitag. Das Stalag wird hastig geräumt. Doch der Krieg durchkreuzt die Pläne. Statt begeisterter Massen kommen erneut Gefangene – diesmal Offiziere.

Offiziere sind völkerrechtlich bessergestellt und müssen nicht arbeiten. Sie sind in eigenen Offizierslagern (Oflags) untergebracht. Tausende Männer aus Frankreich, Serbien, den Niederlanden und ab 1944 Italien sind hier bis 1945 inhaftiert. Zur Ablenkung von Hunger, Kälte, Enge und Krankheit organisieren sie ein Kultur- und Sportprogramm. Politik und Wehrmacht fördern diese Kulturarbeit. Sie soll die gute Behandlung der Gefangenen beweisen.

Durch den Zaun werden die Offiziere Zeugen des Elends sowjetischer Kriegsgefangener im inoffiziellen *Russenlager*. Die katastrophalen Zustände vor der Befreiung treffen sie ebenso wie die Soldaten im 1943 reaktivierten Stalag.

Luftangriffe
Bei den alliierten Luftangriffen werden 1943 weite Teile des Lagers zerstört. 1945 wird das Lazarett beschädigt. Die Gefangenen sehen, wie Nürnberg bombardiert wird und reagieren mit gemischten Gefühlen: Hoffnung auf das Kriegsende, Trauer um Getötete und Genugtuung angesichts der Zerstörung.

↑ Getroffenes Lager-Lazarett 1945
Privatbesitz

Kunst in Gefangenschaft

↑Jean-Marie Cardine: *La lettre* 1941
Stadtarchiv Nürnberg E 1/2295 Nr. 1_17

↗ Giuseppe Tortorelli: View of Nuremberg from Langwasser
prisoners camp 1944
Privatbesitz

→ Major van Weenen: *Symbol unserer Residenz in Nürnberg-
Langwasser, das Kgf. Hemd, die Baracke, das Kohlfeld,
der Barackenweg und der Stacheldraht* 1942
NIMH (Nederlands Instituut voor Militaire Historie) Den Haag

Dokument des Wartens

Der französische Offizier Pierre Esch nutzt jeden Millimeter seiner Kalender. Monatelang notiert er den Alltag und die Aktivitäten, mit denen er und seine Mitgefangenen versuchen, die Zeit hinter Stacheldraht zu ertragen.

→ Kalender von Pierre Esch 1940 (Replik)
Privatbesitz/Objektfoto: Tim Hufnagl

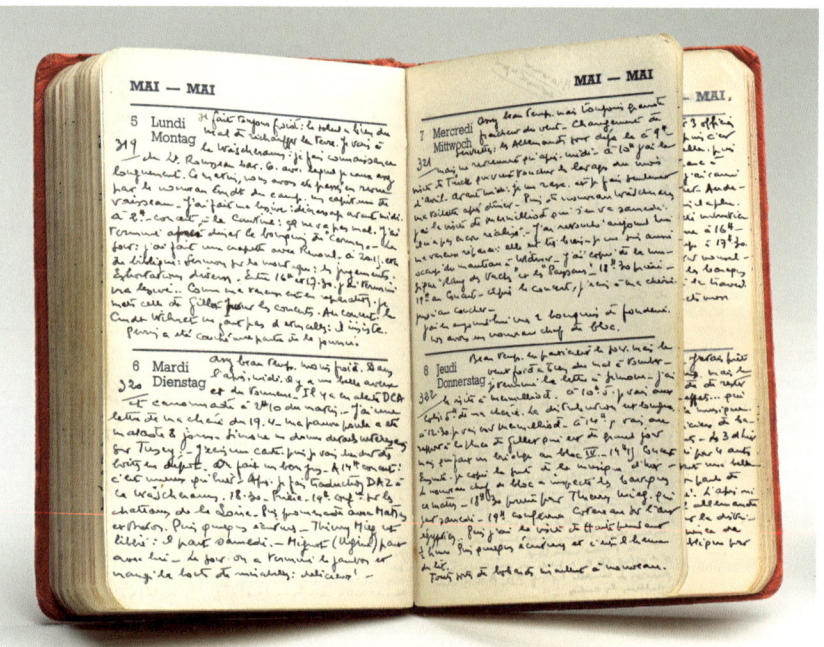

Handgeschriebene Lagerzeitung

Zwischen November 1944 und Januar 1945 geben die italienischen Offiziere eine Lagerzeitung heraus. Die Rubrik *Notizie del Campo* gibt Auskunft über den Erhalt von Briefen und Paketen. In den *Notizie di Casa* erscheinen Nachrichten aus der Heimat.

← Lagerzeitung 1944
A.N.E.I. Rom (Associazione Nazionale Ex Internati)

„Gerüchte kamen in Umlauf, die jüdischen Offiziere werden zum Tragen des gelben Sterns verpflichtet."

↗ Zvi Asaria-Helfgott: Wir sind Zeugen. Erlebnisbericht eines Juden aus deutschen Lagern. Niedersächsische Landeszentrale für Politische Bildung, Braunschweig 1975
→ Hermann Helfgott um 1940, Yad Vashem Photo Archives 8546w44c

durch Austausch den Wünschen der Gefangenen nach französischer und italienischer Literatur entgegenzukommen. Ob an serbischen Dolmetschern ein ernstlicher Mangel besteht, kann nicht beurteilt werden, da die Zahl der Serben in diesem Lager nicht bekannt ist.

Über die Regelung der Verpflichtung zum Tragen des Judensterns durch Offiziere und Mannschaften jüdischer Rasse, über die auch in dem Bericht über das Lazarett Langwasser Klage geführt wird, bittet das A.A. um besondere Stellungnahme. Eine Benachteiligung der Juden bei der Verteilung von Paketen dürfte jedenfalls dann nicht zu rechtfertigen sein, wenn eine solche Benachteiligung dem vermutlichen Willen der Spender widerspricht. Der Delegierte bemerkt, daß im Oflag XIII B noch über 1000 Pakete des Roten Kreuzes auf ihre Verteilung warten. Um eine besondere Mitteilung wird über die Regelung der Grußpflicht der gefangenen Offiziere und Unteroffiziere gegenüber deutschen Offizieren und Unteroffizieren gebeten.

In dem zum Oflag XIII B gehörigen Lazarett Langwasser fehlt es an Unterkleidung und

Zvi Asaria
1913–2002

Zvi Asaria wird als Hermann Helfgott in Jugoslawien als Sohn jüdischer Eltern geboren. Er studiert Theologie und gerät als Militärgeistlicher im Offiziersrang beim Einmarsch der Wehrmacht auf dem Balkan 1941 in Gefangenschaft. Zusammen mit weiteren jüdischen Gefangenen kommt er in das Offizierslager Nürnberg-Langwasser.

Über das Verbot als Geistlicher zu praktizieren setzt er sich hinweg und hält heimlich Gottesdienste ab. In deutscher Gefangenschaft überlebt er den Holocaust, während seine Eltern und Geschwister in Jugoslawien brutal ermordet werden. Noch im Lager erfahren die Männer vom Schicksal ihrer Angehörigen. 1948 wandert er nach Israel aus, nimmt den Namen Zvi Asaria an und arbeitet als Rabbiner. Bis zu seinem Tod kommt er in dieser Funktion vielfach nach Deutschland.

Diskriminierung serbischer Offiziere
Die Bestimmung der Lagerverwaltung zum Tragen des *Judensterns* erregt Aufsehen. Eine Delegation des Internationalen Roten Kreuzes leitet die Beschwerde der Offiziere an die Zentrale in Genf weiter. 1942 wird die Anordnung aufgehoben.

← Aufforderung Februar/März 1942
Politisches Archiv des Auswärtigen Amts RZ 405, 40976

Zivilisten als Zwangsarbeiter

Im Spätherbst 1941 stagnieren die Kriegserfolge und der kriegsbedingte Arbeitskräftemangel spitzt sich zu. Das NS-Regime beschließt, neben weiteren Kriegsgefangenen zusätzlich massenhaft ausländische Zivilisten zur Zwangsarbeit ins Reich zu holen. Noch 1942 erreichen tausende, meist zwangs-rekrutierte Frauen und Männer aus Osteuropa den Bahnhof Märzfeld. Die bestehende Lagerstruktur in Langwasser ermöglicht die rasche Verteilung der Neuankömmlinge auf Arbeitsstätten.

In Nürnberg entsteht ein dichtes Netz an Zwangsarbeiterunterkünften. Strikt nach rassistischen Gesichtspunkten und Nationen getrennt, leben vor allem die Menschen aus Osteuropa unter elenden Bedingungen. Für die Überwachung und Bestrafung ziviler Zwangsarbeiter setzt die Gestapo auf Abschreckung und brutale Gewalt. Im Arbeitserziehungslager auf dem Gelände herrscht ähnlicher Terror wie in Konzentrationslagern.

Ein Nürnberger Beispiel
Im gesamten Stadtraum mietet Siemens Unter-künfte für seine 7.500 Zwangsarbeiter und Kriegs-gefangenen aus halb Europa an. Das Nürnberger Werk betreibt zudem ein eigenes Lager für *Ostarbeiter* und ein KZ-Außenlager.

↑ Zwangsarbeiterbaracke von Siemens in der Katzwanger Straße 1944
Siemens Historical Institute B 2840 TW

Die „Russenwiese"

Der Vermerk R.W. für *Russenwiese* steht für die
Einweisung von Zwangsarbeitern in das Arbeits-
erziehungslager der Gestapo Nürnberg-Fürth.
Für die Menschen bedeutet dies wochenlangen
Terror und tödliche Gewalt.

↓ Haftbuch 1943
Staatsarchiv Nürnberg Polizeipräsidium Nbg.-Fürth Nr. 811

Izabela Ucinska kam im Alter von 19 Jahren nach einem
gescheiterten Fluchtversuch in das „Arbeitserziehungslager"
auf die Russenwiese.

„Es war ein grausames Lager […] Es gab kein
Wasser, wir wuschen uns nicht. Wir waren mit
Schlamm bedeckt, denn während der Gymnastik
weichte die Erde auf, und der Schlamm
reichte bis an die Knöchel. Ich weiß nicht,
wie ich das ausgehalten habe."

Erinnerungen von Izabela Ucinska
in: Geraubte Leben: Zwangsarbeiter berichten, (Hg.): Stiftung EVZ, Köln/Weimar 2008, S. 35.

Iwan Kondratenko aus der Ukraine wurde,
gerade 18 Jahre alt geworden, ins Arbeitserziehungslager
transportiert.

„Das war so etwas wie, wie ein Todeslager.
Dorthin brachte man mich. Dort stand eine lange
Baracke, und rundherum lag Schotter. Nach den
Verhören ließ man uns um die Baracke laufen:
„Im Laufschritt, hinlegen, hinsetzen! Im Laufschritt, hinlegen, hinsetzen!" Wir liefen barfuß
auf diesem Schotter. Dann trieb man uns in eine
Ecke und spritzte uns mit einem Feuerwehr-
schlauch ab. Als wir schlafen gingen, mussten
wir vier Stufen zur Baracke heraufgehen, dort
wurden wir mit Peitschen ‚gezählt'. […] „Ich
war 14 Tage dort. Ich habe nachgerechnet, dass
ich in diesen 14 Tagen etwa 290, ich weiß es
nicht genau. Vielleicht mehr, etwa 300 Peit-
schenhiebe bekam."

Erinnerungsbericht von Iwan Kondratenko
Zwangsarbeit 1939-1945, Erinnerungen und Geschichte, Digitales Archiv für Bildung und Wissenschaft, TRANSKRIPT (Dt. Übersetzung): Kondratenko, Iwan Jakowitsch (Archiv-ID ZA485)

Lagerkomplex Reichsparteitagsgelände

Verortung 1942/43

● Zwangsarbeiterunterkünfte
Im gesamten Stadtraum gibt es hunderte Unterkünfte und Lager für
zivile Zwangsarbeiter und Soldaten in *Arbeitskommandos* außerhalb
des Kriegsgefangenenlagers. Die Menschen leben in Turnhallen,
Gaststätten, halb zerbombten Schulhäusern, Gemeinschaftsunter-
künften oder firmeneigenen Barackenlagern.

① Gemeinschaftslager Regensburger Str. 215
Seit 1940 Barackenlager mit Bereichen für Kriegsgefangene und
Zwangsarbeiter unterschiedlicher Nationen. Diese arbeiten für
städtische Dienststellen und private Firmen. Ab 1942 entsteht dort
zusätzlich ein Bereich der Rüstungsfirma Diehl.

② „Russenwiese"
Nach der Inhaftierung russischer Kriegsgefangener im Ersten
Weltkrieg benannte Waldlichtung. Ab April 1942 Durchgangslager
für *Ostarbeiter* und ab Sommer 1942 frühes Lager für sowjetische
Zwangsarbeiter.

③ „Russenwiese"
Herbst 1942 bis August 1943 Arbeitserziehungslager für zivile
Zwangsarbeiter.

④ Ehemaliges SS-Teilnehmerlager
Ab 1943 Barackenlager für etwa 1.000 zivile Zwangsarbeiter aus
West- und Südeuropa, die bei MAN arbeiten.

⑤ Kriegsgefangenenlager
a. Bereich 1939 bis 1945 Stalag/Oflag
b. August 1941 bis etwa Frühjahr 1943 inoffizielles *Russenlager*

⑥ SS-Kaserne
1941–45 Außenlager des KZ-Dachau, später übernimmt das
KZ-Flossenbürg die Verwaltung des Lagers. In Nürnberg sind
nur wenige KZ-Häftlinge zur Zwangsarbeit eingesetzt, vermutlich
aufgrund der vielen Kriegsgefangenen und zivilen Zwangsarbeiter.

↗ Stadtarchiv Nürnberg, Dokumentationszentrum Reichsparteitagsgelände
Luftbild Dezember 1944, NCAP (National Collection of Aerial Photography) US/00035/A, 7040

Lagerkomplex Reichsparteitagsgelände

„Arbeitseinsatz" in Nürnberg

Harte Arbeit für die Kriegswirtschaft

In der Industriemetropole Nürnberg ist der Bedarf an ausländischen Arbeitskräften groß. Bei Kriegsbeginn werden Kriegsgefangene und zivile Zwangsarbeiter vor allem in der Landwirtschaft beschäftigt. Ab 1942 werden sie verstärkt in der Rüstungsindustrie eingesetzt – bei Soldaten ist dies völkerrechtswidrig.

Neben Rüstungsbetrieben ist die Stadtverwaltung Nürnberg ab 1940 einer der größten Arbeitgeber. Davon profitieren letztlich alle Bereiche der Nürnberger Gesellschaft. Auch zahlreiche Unternehmen, das Gewerbe, das Handwerk, die Kirchen und sogar Privathaushalte greifen auf Zwangsarbeiter zurück – so auch der Zweckverband Reichsparteitagsgelände. Etwa 100.000 zivile Zwangsarbeiter und tausende Kriegsgefangene halten im Verlauf des Krieges die Nürnberger Kriegswirtschaft aufrecht.

Luigi Collo, Italienischer Militärinternierter,
in seinen Erinnerungen 1979

„... dafür eingesetzt die Trümmer
in der Stadt wegzuräumen und die
Überreste tausender Menschen,
die durch die Bombardierung getötet
und zerfetzt wurden, in Papiertüten
zu stecken."

O ti arrangi o crepi. Un alpino nei lager tedeschi,
settembre 1943-settembre 1945, Milano 1979

Lebensgefährlicher Einsatz
Nürnberg ist als Großstadt und Industriezentrum
Luftangriffsziel erster Kategorie. Zwangsarbeitern
und Kriegsgefangenen jedoch ist der Zugang zu
Schutzräumen meistens verwehrt. Nach Angriffen
müssen sie unter Lebensgefahr Trümmer räumen
und Bomben beseitigen.

↑ Nürnberg um 1944
Stadtarchiv Nürnberg A57 L-060-34

Zwangsarbeiterinnen bei Diehl
Einige Arbeiterinnen der Firma Diehl in Nürnberg
haben für das Foto das diskriminierende Ostarbeiter-
abzeichen abgenommen. Seit 1940 müssen polnische
und seit 1942 sowjetische Zivilisten Erkennungs-
zeichen tragen. Hintergründe der Entstehung des
Fotos sind nicht bekannt.

← Ostarbeiterinnen der Firma Metall-, Gus- & Preswerk Heinrich Diehl um 1942
Foto: Antonina Batjuk, Lewowka (Ukraine), aus dem Buch „Die steinerne Rose"
von Barbara Ostyn (Jablonska), Berlin 2003

„Arbeitseinsatz" in Nürnberg

Barbara Jablonska in einem Interview 2003

„Den Streit über die Entschädigung [der Zwangsarbeiter] empfand ich als skandalös […], weil sich dabei eine unmenschliche Gleichgültigkeit offenbarte, ein kalter Wind aus der Vergangenheit."

↗ Barbara Jablonska 2003, Interview Gerhard Jochem
↓ Barbara Jablonska nach 1945, Privatbesitz Familie Martineau

Barbara Jablonska
1925–2015

Barbara Jablonska wird in einer südostgalizischen Kleinstadt als Tochter eines polnischen Ehepaares geboren. Ihre Mutter stammt aus einer jüdischen Familie. Als Jugendliche erlebt sie die sowjetische Besatzung, zwei Jahre später den Einmarsch der Wehrmacht. Auf der Suche nach Arbeit gerät sie im Mai 1942 in einen *Fremdarbeitertransport*, der sie nach Nürnberg führt.

Hier bleibt sie bis Juni 1943 in verschiedenen Lagern für zivile Zwangsarbeiterinnen, wird als Dolmetscherin, aber auch als Arbeiterin in verschiedenen Unternehmen eingesetzt. Im Sommer 1943 kehrt sie mit einem Urlaubsschein und gefälschtem Arbeitsausweis nach Polen zurück. Dort lebt sie bis 1945 in ständiger Angst vor Enttarnung und Verhaftung. In den 1970er Jahren emigriert sie nach Frankreich.

Am Ort der Täter
Barbara Jablonska (Vierte von links) mit ehemaligen Nürnberger Zwangsarbeitern und Zwangsarbeiterinnen sowie Angehörigen auf der Aussichtsplattform des Dokumentationszentrums Reichsparteitagsgelände, anlässlich des Ersten Nürnberger Zeitzeugengesprächs 2002. Ein Jahr später erscheint ihr Buch *Die steinerne Rose*.

↑ Frau Verbaan-Lisowska und ihr Sohn Piotr (kniend), das Ehepaar Kotlinski, Frau Jablonska, Frau Augusto, das Ehepaar Zweerman und Herr Augusto
Verlag testimon (Susanne Rieger)

Jerzy Zakrzewski in einem Interview 2015

„... es waren nur Kinder und Frauen. Auf jeden Fall habe ich sie gern ausgegraben, obwohl es Deutsche waren. Es waren schließlich Menschen.“

↗ Videosammlung des Centralne Muzeum Jeńców Wojennych Nr. 108
↓ Jerzy Zakrzewski nach der Befreiung 1945, Privatsammlung Marek Zakrzewski

Jerzy Zakrzewski
1928–2019

Jerzy Zakrzewski wird in Warschau geboren und tritt 1943 der Pfadfinderbewegung *Szare Szeregi [Graue Reihen]* bei. Als Teil der polnischen Heimatarmee, einer militärischen Widerstandsorganisation, kämpfen die Pfadfinder im Warschauer Aufstand für die Befreiung Polens. Er überlebt die Kämpfe und gerät nach der Kapitulation der Heimatarmee im Oktober 1944 in deutsche Gefangenschaft.

Mit vielen anderen des Warschauer Aufstandes kommt er in das Kriegsgefangenenlager Nürnberg-Langwasser. Er muss bei Enttrümmerungsarbeiten Verschüttete bergen und Leichen ausgraben. Nach dem Krieg bleibt er zunächst in Deutschland und macht sein Abitur, bevor er 1947 nach Polen zurückkehrt. Er wird Ingenieur und gründet eine Familie.

Im Lager Langwasser

Nach der Befreiung im April 1945 entsteht im ehemaligen Kriegsgefangenenlager eine wichtige Sammelstelle zur Rückführung von polnischen Kriegsgefangenen und Zwangsarbeitern.

← Jerzy Zakrzewski (ganz links) 1945
Centralne Muzeum Jeńców Wojennych,
Materiały i Dokumenty Nr. 6380

Alltägliche Ausgrenzung

Die *Fremdarbeiterpolitik* des NS-Staates steht im Spannungsverhältnis von kriegsbedingter ökonomischer Notwendigkeit und nationalsozialistischer Rassenideologie. Zahlreiche Regelungen sollen das Verhalten der Deutschen gegenüber den zivilen Zwangsarbeitern und Kriegsgefangenen steuern und eine rassistische Gesellschaftsordnung durchsetzen: Zwangsarbeiter und Soldaten aus der Sowjetunion, Polen und ab 1943 aus Italien haben deutlich weniger Rechte als Westeuropäer.

Als Arbeitgeber, Vorarbeiter, Wachmänner und Denunzianten beteiligen sich viele Deutsche daran, die ins Reich geholten Frauen und Männer aus der Gesellschaft auszuschließen, zu drangsalieren und den teils todbringenden Sanktionen der Sicherheitspolizei auszuliefern. Für die Nürnberger sind die ausländischen Zwangsarbeiter allgegenwärtig. Es herrscht striktes Kontaktverbot.

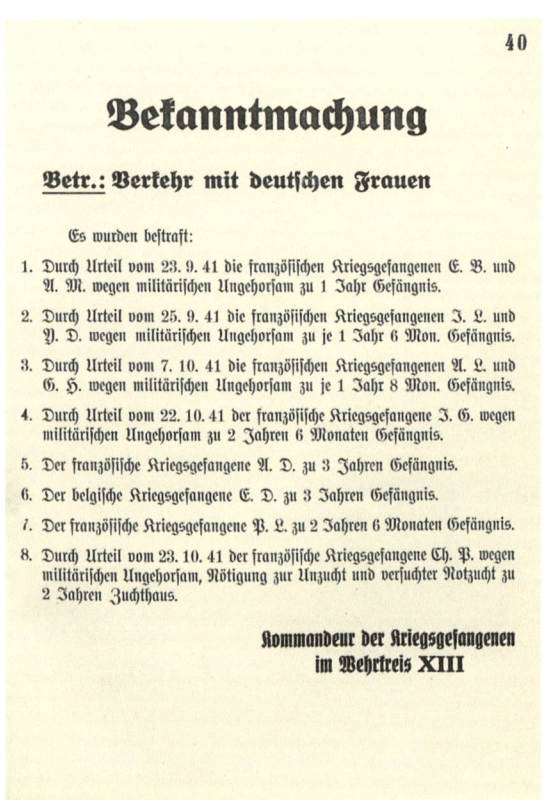

Harte Sanktionen
Die Militärgerichte beteiligen sich aktiv an der Verfolgung von Beziehungen und Kontakten. Die Konsequenzen werden öffentlichkeitswirksam verbreitet. Im Gegensatz zu westlichen Soldaten bedeuten Beziehungen für Soldaten und Zivilisten aus Polen und der Sowjetunion meist den Tod.

↑ Bekanntmachung 1941
Bundesarchiv RH 38/170, Bl. 39/40

Geschenk oder „Brotwährung"
Nicht alle Deutsche missbrauchen ihre Macht. Trotz Verbot sind die Kontakte zahlreich und rückblickend schwer zu deuten. Handwerkliche Arbeiten von Zwangsarbeitern wie dieses Holzspielzeug sind Dank für Mitmenschlichkeit oder dienen als *Brotwährung* bei Tauschgeschäften.
Für den Landkreis Würzburg ist überliefert:

`1 Papagei + ein kleiner Flieger`
`= 3 Pfund Brot`

→ Holzpapagei 1940/45
Fränkisches Freilandmuseum Bad Windsheim Nr. 15/234/
Objektfoto: Tim Hufnagel

Machtmissbrauch
Viele deutsche Wachen und Arbeitgeber nutzen die ihnen übertragene Machtfülle aus. Sie behalten Löhne ein, kürzen Essensrationen, beschimpfen oder greifen zu Gewalt. Es drohen drakonische Strafen, wenn man wie hier als Saboteur bezichtigt wird.

↑ Bericht 1944
The U.S. National Archives and Records Administration Identifier 581103, box 384, file 66-24

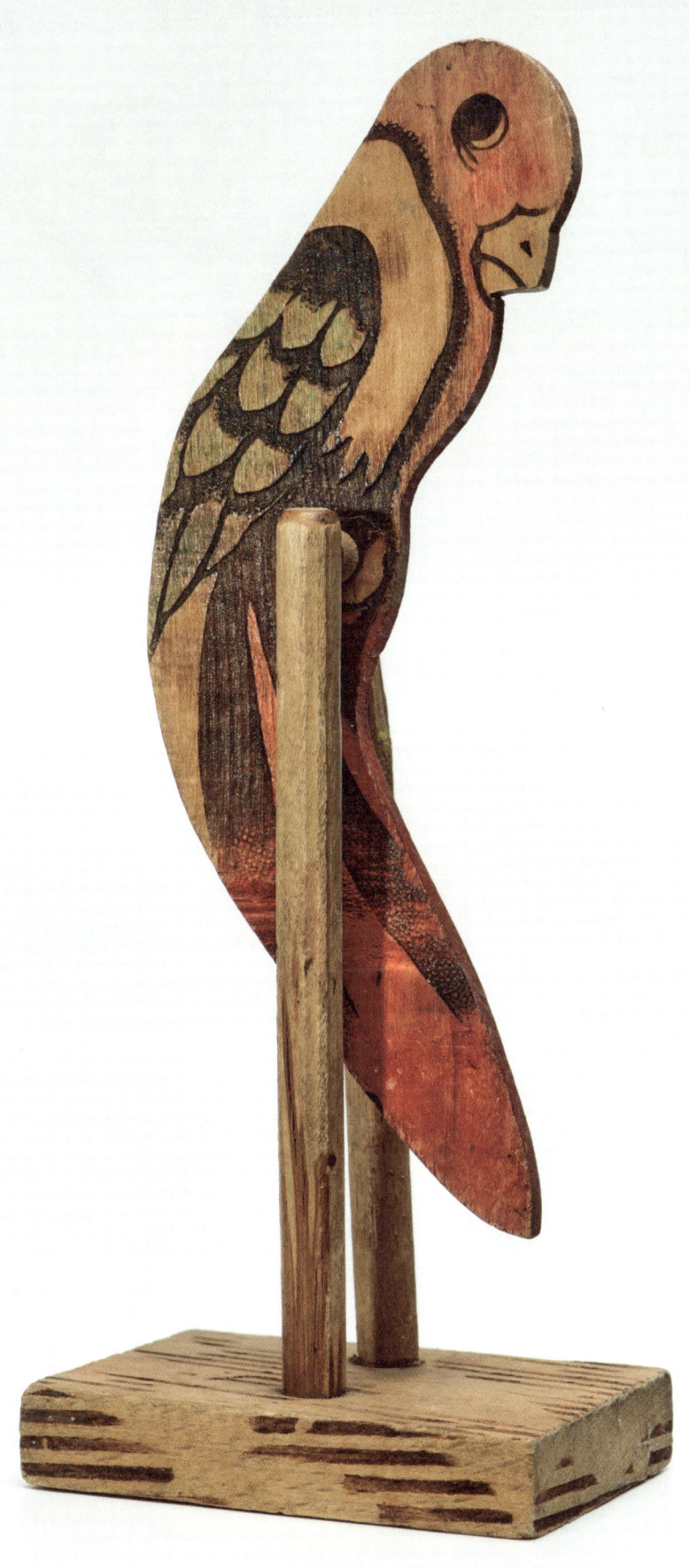

„Arbeitseinsatz" in Nürnberg

Fritz Munkert bei einer Vernehmung durch die Gestapo am 8. Oktober 1943

„Es entspricht den Tatsachen, daß ich mich auch heute noch nicht zur nationalsozialistischen Weltanschauung bekenne, weil ich mich mit dieser neuen Einstellung nicht abfinden kann."

↗ Bundesarchiv R3017/34086
→ Fritz Munkert 1940er Jahre, Privatbesitz

Spione Verräter Saboteure!

Wer von unseren Gefolgschaftsmitgliedern die Tageszeitungen aufmerksam liest, findet immer wieder Gerichtsurteile wegen unerlaubte Beziehungen mit Ausländern oder Lieferung von Unterlagen an den feindlichen Nachrichtendienst. Erst kürzlich wurden wieder zwei Volksdeutsche hingerichtet, welche nur aus Gewinnsucht im Auftrag eines fremden Nachrichtendienstes deutsche Befestigungsanlagen ausgekundschaftet oder Reisen in Deutschland unternommen haben, um deutsche Staatsgeheimnisse auszuspähen.

Tod oder langjährige Zuchthausstrafen sind stets die Folgen eines solchen verwerflichen Tuns. Gerade in der Zeit, in welcher das gesamte deutsche Volk in erbittertem zähem Abwehrkampf seinen Feinden und damit dem gesamten Judentum der Welt gegenübersteht, kann eine solche Handlungsweise gar nicht scharf genug geahndet werden.

Immer wieder werden vor deutschen Sondergerichten Rundfunkverbrecher abgeurteilt, die sich durch Abhören ausländischer Rundfunksender und Weitergabe der von ihnen verbreiteten Nachrichten zu Verrätern an ihrem Volk und seinem Daseinskampf gemacht hatten.

In letzter Zeit häufen sich die Fälle, in welchen schwere Zuchthausstrafen über würdelose Frauen und Männer ausgesprochen wurden, welche verbotenen Umgang mit Kriegsgefangenen gepflogen haben, sei es, daß sie mit Kriegsgefangenen in Briefwechsel traten, ihnen Rauch- und Eßwaren, Getränke usw. zustecken oder andere verbotene Beziehungen mit ihnen unterhielten und damit bar jeder Scham auf die schwerste Weise die nationale Würde des deutschen Volkes verletzt haben.

Es wird bei dieser Gelegenheit auf die kürzlich an den schwarzen Brettern unserer Werke angeschlagene Bekanntmachung über den verbotenen Umgang mit Kriegsgefangenen vom 19. Februar 1941 verwiesen. Von unserer Gefolgschaft wird daher in ihrem eigenen Interesse erwartet, daß sie nach dem Grundsatz

„Feind bleibt Feind!"

Kriegsgefangene sowohl innerhalb als auch außerhalb des Werkes entsprechend behandeln.

13

„Feind bleibt Feind!"
Auch Siemens wird nicht müde, seine deutschen Arbeiter regelmäßig daran zu erinnern, dass jeglicher Umgang mit Zwangsarbeitern streng verboten ist. Das Merkblatt ist in der Betriebszeitung *Das Nürnberger Werk* abgedruckt.

↑ Merkblatt *Feind bleibt Feind!*
in: Das Nürnberger Werk/Siemens Betriebszeitung, Nürnberg 1941

Fritz Munkert
1888–1944

Fritz Munkert wird in Nürnberg geboren, arbeitet bei Siemens und ist überzeugter Sozialdemokrat. 1935 wird er wegen aktiver Beteiligung am sozialdemokratischen Widerstand verhaftet und nach zweieinhalbjähriger Zuchthausstrafe bis 1939 in Dachau inhaftiert.

Nach seiner Entlassung kehrt er an seine Arbeitsstätte bei Siemens zurück. Dort werden ihm eine mitmenschliche Geste und regimekritische Äußerungen zum Verhängnis. Sein Kollege, der SA-Führer Georg Schönegger, hört Munkerts kritische Aussagen zum Kriegsverlauf und ein weiterer Kollege beobachtet, wie er einem sowjetischen Zwangsarbeiter Zigaretten zukommen lässt. 1943 wird er von Schönegger denunziert. Fritz Munkert wird wegen angeblicher *Wehrkraftzersetzung* angeklagt und zum Tode verurteilt. 1944 wird er hingerichtet.

↓ Teodor Kazarowicz: 1940er Jahre, Dokumentationszentrum Reichsparteitagsgelände Ph-1307-01

Hochzeit
Das Paar heiratet noch 1945 im Kreis der Familie.
Sie bleiben in Nürnberg und bekommen zwei Töchter.

↑ Hochzeitsfoto 1945
Dokumentationszentrum Reichsparteitagsgelände Ph-1307-02

Teodor Kazarowicz
1915–1962

Teodor Kazarowicz kommt 1915 nahe der heutigen Grenze zwischen Belarus und Litauen zur Welt. Im Zuge des Polnisch-Sowjetischen Krieges fällt seine Heimat Anfang der 1920er Jahre an Polen. Zu Beginn des Zweiten Weltkrieges 1939 eingezogen, gerät er in Gefangenschaft und kommt nach Nürnberg-Langwasser.

Seit Juni 1940 ist er verpflichtet, bei einem Bauern im ländlichen Nürnberg-Buch zu arbeiten – erst als Kriegsgefangener, später als ziviler Zwangsarbeiter. Auf dem Hof lernt er die Tochter Kunigunde Hofmann kennen und lieben. Ihm droht bei Entdeckung die Todesstrafe, ihr die Einweisung in ein Konzentrationslager. Die Liebesbeziehung zwischen Teodor Kazarowicz und Kunigunde Hofmann bleibt den Behörden jedoch verborgen.

„Arbeitseinsatz" in Nürnberg

Ort der Gewalt

Massensterben im „Russenlager"

Mit dem Angriff auf die Sowjetunion im Juni 1941 verschärft sich der Vernichtungs-krieg in Osteuropa. Der Tod von Millionen Zivilisten und Kriegsgefangenen in der Sowjetunion ist einkalkuliert. Bei der Behandlung sowjetischer Gefangener missachtet das NS-Regime gezielt völkerrechtliche Konventionen. Anfang August 1941 kommt auch am Bahnhof Märzfeld ein Transport mit sowjetischen Kriegs-gefangenen an – weitere folgen.

Die völlig entkräfteten Männer werden im inoffiziellen *Russenlager* Nürnberg-Langwasser in Sichtweite zum Offizierslager inhaftiert. Die Bedingungen im Lager sind katastrophal. Ungeachtet ihrer körperlichen Verfassung werden Tausende auf *Arbeitskommandos* verteilt. Bis zur Auflösung 1943 sterben hunderte Soldaten im inoffiziellen *Russenlager* Nürnberg-Langwasser.

Leid im „Russenlager"
Im Winter 1941 gehen hunderte Männer an Mangel-versorgung, Kälte und fehlender medizinischer Ver-sorgung zugrunde. Der Wachsoldat Karl Bach hält die Situation der Gefangenen auf Bildern fest. Im Früh-jahr 1942 fotografiert er eine Gruppe von Gefangenen vor ihrer Zeltunterkunft.

↑ Sowjetische Kriegsgefangene 1942
Dokumentationszentrum Reichsparteitagsgelände Ph-0401-06

Tod auf dem Märzfeld
1.400 sowjetische Soldaten bleiben im Lager. Als *Arbeitskommando* 298 sind sie ab Oktober 1941 beim Zweckverband Reichsparteitag eingesetzt. Bei schweren Erdarbeiten auf dem Märzfeld sterben in kürzester Zeit über 935 von ihnen an Entkräftung und der brutalen Gewalt der Wachleute.

↑ Wachmannschaft auf dem Märzfeld 1941
Dokumentationszentrum Reichsparteitagsgelände Ph-0401-18

Otto Madl in einem Brief 1941

„Und einen Hunger haben sie. Die fressen jeden Käfer und Regenwürmer, alles, was auf der Straße liegt."

Privatbesitz Familie Blumtritt/Museum für Kommunikation Berlin
→ Otto Madl 1940er Jahre, Privatbesitz Familie Blumtritt/Museum für Kommunikation, Berlin

Pure Verzweiflung
Die Aufnahme von sowjetischen Kriegsgefangenen auf der verzweifelten Suche nach Nahrung betitelt Otto Madl in seinem Fotoalbum emotionslos mit *Russen beim Grasfressen*.

↑ Fotoalbum von Otto Madl 1941
Privatbesitz Familie Blumtritt/Museum für Kommunikation, Berlin

Otto Madl
1907–1945

Otto Madl wird im bayerischen Neukirchen geboren. Der gelernte Buchdrucker arbeitet als Landwirt. 1940 wird er zur Wehrmacht eingezogen und als Wachsoldat im Offizierslager Nürnberg-Langwasser eingesetzt. In unzähligen Briefen an seine Familie hadert er mit seinem Posten als Wachmann und schildert offen seine Eindrücke zu den katastrophalen Lebensbedingungen der sowjetischen Kriegsgefangenen.

1941 berichtet er – abgestoßen und erschüttert zugleich – von Kannibalismus im *Russenlager* Nürnberg-Langwasser. Später wird Otto Madl an die Ostfront abkommandiert und stirbt im Februar 1945 in sowjetischer Gefangenschaft.

Gezielte Ermordung sowjetischer Kriegsgefangener

Zusammen mit den sowjetischen Gefangenen holt das NS-Regime den brutal und ideologisch geführten Krieg ins Deutsche Reich. Vor allem sowjetische Soldaten sterben in Lagern auf deutschem Boden an den menschenverachtenden Bedingungen. Zeitgleich führen Wehrmacht, Gestapo und SS ab Juli 1941 ein Mordprogramm an über 30.000 sowjetischen Gefangenen durch. Diese sogenannten *Aussonderungen* sind eines der größten Verbrechen innerhalb der Reichsgrenzen.

Einsatzkommandos der Gestapo überprüfen, unterstützt von der jeweiligen Lagerleitung, sowjetische Gefangene. Bei der Suche nach *Politkommissaren*, *Intelligenzlern* und *Juden* – sogenannten *untragbaren Elementen* – sind die Kriterien oft vage. Aus dem *Russenlager* Nürnberg-Langwasser und dem Wehrkreis werden über 2.300 sowjetische Soldaten ausgesondert und zur Erschießung nach Dachau geschickt. Erst der verstärkte *Arbeitseinsatz* ab 1942 beendet das Morden.

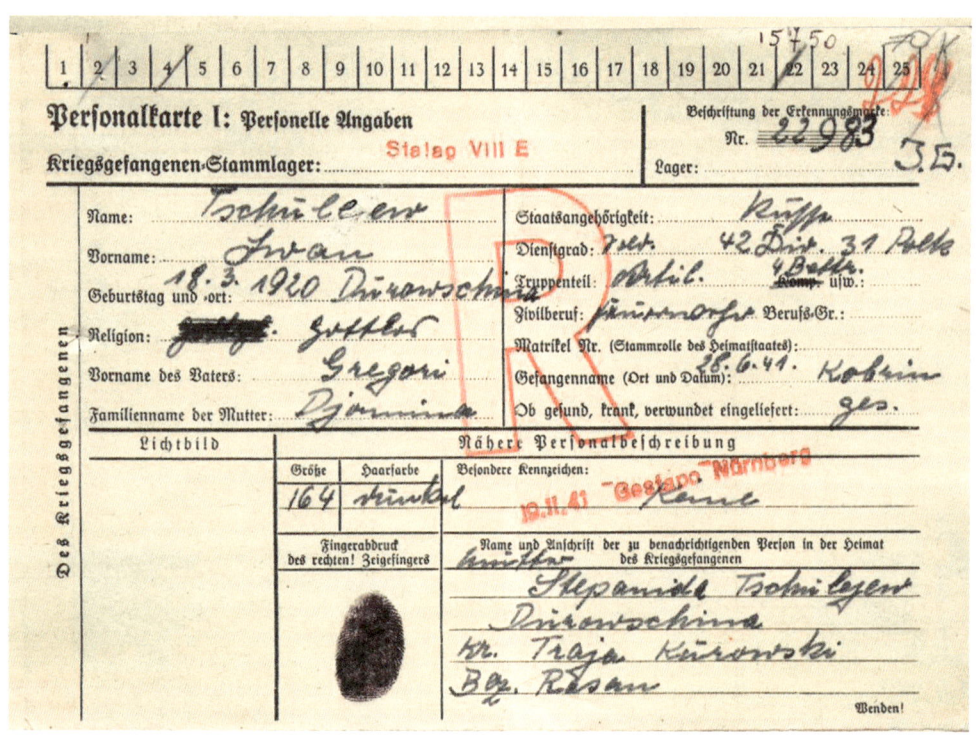

Abmeldung nach Dachau
Bürokratisch vermerkt die zuständige Wehrmachts-
stelle ihre Beteiligung an der Ermordung auf
den Personalkarten. Mit dem Stempel *Gestapo
Nürnberg* meldet die Wehrmacht Iwan Tschuleew
aus ihrem Verantwortungsbereich ab, in vollem
Bewusstsein über sein weiteres Schicksal.

↑ Personalkarte 1941
obd. memorial No. 915518282

Wladimir Poltawskij auf der Foto-Rückseite an seinen Sohn 1941

„Sohnemann, küss mich hier ins Foto und ich küsse Dich."

↗ Privatbesitz Alexandr Poltawskij
↘ Wladimir Poltawskij 1941, Privatbesitz Alexandr Poltawskij

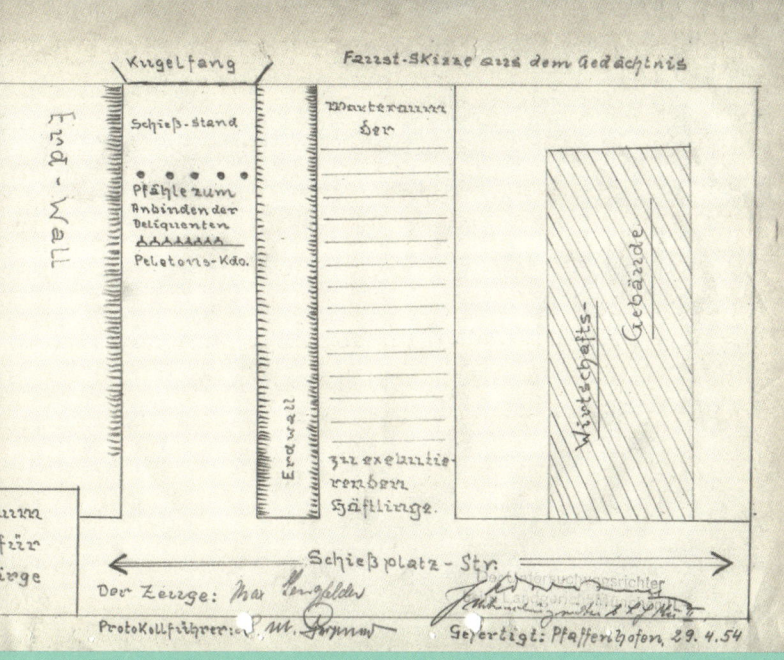

Schießplatz Hebertshausen

„Meine Mutter konnte das Schießen tagelang mitanhören, da wir in der Nähe des Schießplatzes wohnten. Wochenlang fanden täglich Erschießungen statt, die bis zum Abend andauerten."

Maria Seidenberger in einem Interview 2001
Privatbesitz Christoph Riedelsheimer
↑ Skizze Schießplatz Hebertshausen aus einem Ermittlungsverfahren 1954
Staatsarchiv München Staatsanwaltschaften 34871/6 (fol. 231)

Wladimir Poltawskij
1919–1941

Wladimir Poltawskij wird in einem kleinen Dorf in der südrussischen Region Rostow am Don geboren. Nach dem frühen Tod seiner Eltern wächst er in einem Kinderheim auf. Er arbeitet als Schreiber bei archäologischen Ausgrabungen. Um 1940 heiratet er und wird 1941 zum Militär einberufen, worüber er sehr unglücklich ist.

Bereits wenige Tage nach dem Angriff der Wehrmacht gerät er in Gefangenschaft und trifft im inoffiziellen *Russenlager-Langwasser* ein. Er überlebt das *Arbeitskommando* 298 auf dem Märzfeld, wird aber im November 1941 durch ein Einsatzkommando der Gestapo Nürnberg-Fürth *ausgesondert* und im Alter von nur 22 Jahren auf dem SS-Schießplatz Hebertshausen bei Dachau erschossen.

Ort der Gewalt

Deportation nordbayerischer Juden

Der schnelle Sieg im Russlandfeldzug bleibt aus und die NS-Führung beschließt die systematische Ermordung der europäischen Juden nicht länger aufzuschieben. Im Oktober 1941 setzen die Deportationen jüdischer Deutscher in Ghettos und Vernichtungslager im Osten ein. Die erzwungene Abreise aus den Heimatorten erfolgt vor den Augen der Bevölkerung.

Für über 2.000 Juden aus Nordbayern ist ein Sammellager am Rand des Reichsparteitagsgeländes die letzte Station vor ihrer Deportation. Schikanen, Misshandlungen und Raub prägen diese Tage in Nürnberg. Im November 1941 geht ein Transport vom Bahnhof Märzfeld in das improvisierte Lager Jungfernhof bei Riga und im März 1942 in das Ghetto Izbica in Polen. Nur 52 der nach Riga deportierten Juden überleben den Holocaust. Vom Transport nach Izbica kehrt niemand zurück.

Geregelte Deportation
Innerhalb weniger Tage werden die Menschen brutal aus ihrem häuslichen Umfeld gerissen. Ihnen bleibt kaum Zeit, die detaillierten Bestimmungen vor der Deportation zu erfüllen. Mit nur wenigen Habseligkeiten müssen sie ihr Heim verlassen.

← Polizeiliches Merkblatt 1941
Zentralarchiv zur Erforschung der Geschichte der Juden in Deutschland Bestand B.1/19 (Israelitische Religionsgemeinschaft Baden) Nr. 333

Bilder der Deportation
Die Gestapo Nürnberg-Fürth dokumentiert die
Deportation der Juden aus Nürnberg in Foto- und
Filmaufnahmen. Der nicht erhaltene Film wird auf
einem *Kameradschaftsabend* zur Unterhaltung der
Verantwortlichen vorgeführt.

↑ Deportierte Juden aus Franken auf dem Weg ins Sammellager 1941
Privatbesitz

Siegfried Reinhold, jüdischer Nürnberger,
in seinem Bericht 1945 über den Weg ins Lager Jungfernhof bei Riga 1941

„Am Abend hatten wir die ersten
Toten und Vermissten zu beklagen,
die wahrscheinlich dem Zuge über
die sehr vereisten Straßen nicht
folgen konnten und erschossen
wurden."

Wiener Holocaust Library 1656/3/8/285

Widmung auf dem Foto kurz vor der Deportation um 1942

„Lieber Dolfi, eine kleine Erinnerung an Deine treue Freundin Miri."

↗ Stadtarchiv Nürnberg F 14 Nr. 4
↓ Miriam Blumenthal um 1940, Stadtarchiv Nürnberg F 14 Nr. 4

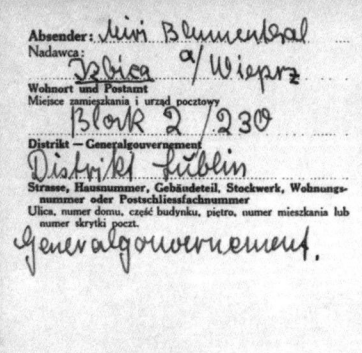

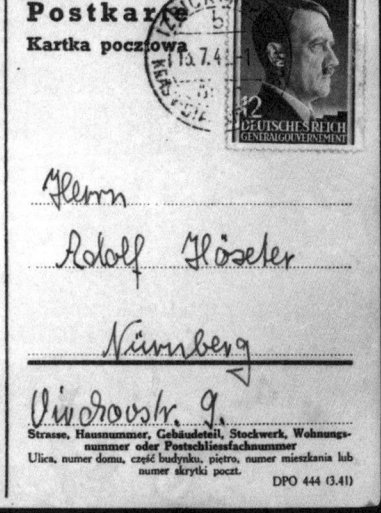

Miriam Blumenthal
1926–1942

Miriam Blumenthal lebt mit ihrer Schwester Josepha und Mutter Gisela in der Bärenschanzstraße in Nürnberg. Alle drei Frauen werden am 24. März 1942 über den Bahnhof Märzfeld in das Ghetto Izbica in Polen deportiert. Dort verliert sich ihre Spur.

Letzter Kontakt

Mit der zensierten Postkarte aus Izbica vom Juli 1942 von Miriam Blumenthal an ihren Freund in Nürnberg bricht der Kontakt ab.

← Postkarte 1942
Stadtarchiv Nürnberg F 14 Nr. 4

Rock im Park

Die meiste Zeit im Jahr ist der Volkspark Dutzendteich Naherholungsgebiet für die Nürnberger. Zu
diversen Großveranstaltungen im Sommer kommen
Zehntausende. Die historischen Bauten sind dann
oft nur Kulisse im Hintergrund.

↓ Rock im Park 2013
Stadt Nürnberg/Uwe Niklas

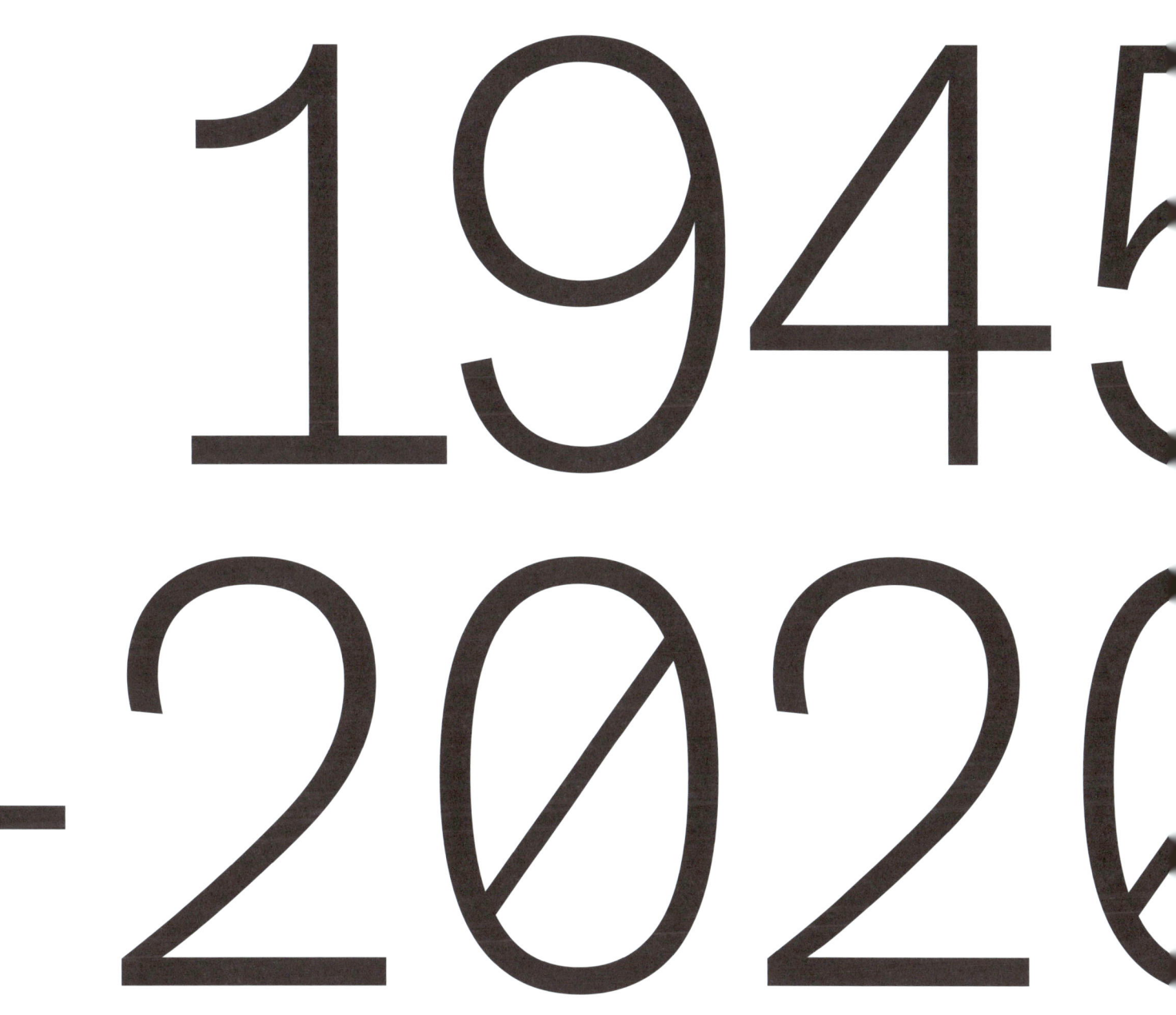

Kein gewöhnlicher Ort – Vom Umgang mit dem Gelände

Nürnberg im April 1945: Die US-Armee feiert mit einer Parade auf dem Zeppelin-feld ihren Sieg über das nationalsozialistische Nürnberg. Ab November ziehen die Alliierten im *Nürnberger Hauptkriegsverbrecherprozess* führende National-sozialisten zur Rechenschaft.

Während die Altstadt in Trümmern liegt, hat das Reichsparteitagsgelände den Krieg nahezu unbeschädigt überdauert. In vielen anderen Städten der Bundesrepublik werden Gebäude aus der Zeit des Nationalsozialismus einfach weiter genutzt. In Nürnberg erschwert die Größe der Bauten eine schnelle Umwidmung. Über Jahrzehnte sucht die Stadtgesellschaft nach einem Umgang mit dem Gelände.

Mit dem Generationenwechsel der 1960er Jahre beginnt in Deutschland ein Umdenken in Bezug auf den Nationalsozialismus. Die *Nürnberger Gespräche* sind frühe Diskussionsrunden zur NS-Vergangenheit. Mitte der 1980er Jahre entstehen erste Informationsangebote am historischen Ort Reichsparteitags-gelände. Ab 2001 wird das neueröffnete Dokumentationszentrum zu einem touristischen Anziehungspunkt. Die zunehmende Nutzung des Geländes schafft jedoch auch Probleme. In der Zukunft sollen Geschichte, Kultur, Freizeit und wirtschaftliche Interessen in ein sinnvolles Miteinander gebracht werden.

Sprengung Märzfeldtürme
Das Märzfeldgelände ist nach 1945 weitgehend ungenutzt. Mitte der 1960er Jahre werden die Türme gesprengt. Hier entsteht der Stadtteil Nürnberg-Langwasser.

← Sprengung der Märzfeldtürme 1966
Archiv Bayerischer Rundfunk/Hans Kastner

Kein gewöhnlicher Ort – Vom Umgang mit dem Gelände

Vielfältige Weiternutzung

Unmittelbare Nachkriegszeit

Besatzungspolitik und Flüchtlingsströme prägen die Jahre nach 1945. Im Wissen um die Symbolkraft sprengt die US-Armee am 22. April 1945 das Hakenkreuz auf der Zeppelintribüne.

In Nürnberg findet der weltweit beachtete Prozess gegen die Hauptangeklagten des NS-Regimes statt. Erstmals müssen sich führende Vertreter eines Staates vor einem internationalen Militärgerichtshof persönlich für Kriegsverbrechen verantworten.

Im ehemaligen Kriegsgefangenenlager internieren die Amerikaner zunächst deutsche Gefangene. Später finden in der Barackensiedlung Displaced Persons wie ehemalige Zwangsarbeiter und Konzentrationslagerhäftlinge sowie Flüchtlinge und Vertriebene aus Osteuropa eine Bleibe. Erst 1965 werden die letzten Steinbaracken in Langwasser abgebrochen. Ein moderner Stadtteil entsteht und wird zur neuen Heimat vieler Nürnberger.

Amerikaner in Nürnberg
Von 1945 bis 1994 sind Soldaten der US-Armee in Nürnberg stationiert. Auf dem zum *Soldier's Field* umbenannten Zeppelinfeld finden nicht nur Militärparaden und Waffenschauen, sondern auch Sportveranstaltungen und deutsch-amerikanische Volksfeste statt.

← Zeppelintribüne um 1947
Dokumentationszentrum Reichsparteitagsgelände D-0305-01/Ray d'Addario

Nürnberger Prozess
Die Amerikaner setzen Nürnberg als Ort für den
Hauptkriegsverbrecherprozess in ihrer Besatzungs-
zone durch. Ein intaktes Justizgebäude mit
angrenzendem Gefängnis gibt den Ausschlag.
Die Deutschen zeigen wenig Interesse am Prozess,
auch wenn die Urteile überwiegend begrüßt werden.

↑ Nürnberger Prozess 1945
Stadtarchiv Nürnberg A65_I-RD_137_D

Lager für Flüchtlinge

Bis 1964 werden im ehemaligen Kriegsgefangenenlager Displaced Persons und Kriegsflüchtlinge
untergebracht. Zeitweise leben in den primitiven
Baracken des Durchgangslagers über 4.000
Menschen aus unterschiedlichsten Nationen.

↑ Bundessammellager für Ausländer Ende 1950er Jahre
Geschichte Für Alle e.V.

René T., Bewohner des Flüchtlingslagers von 1953 bis 1964,
in einem Interview 1995

„… wenn man überlegt, daß mehrere
tausend Leute aus mehr als
20 verschiedenen Nationen unter
so beengten Verhältnissen und
sozialen Spannungen zusammengelebt
haben, hat das erstaunlich gut
funktioniert."

Bernd Windsheimer: Langwasser. Geschichte eines Stadtteils, Nürnberg 2007.

„Das war das Gefühl, das mir die Außenwelt vermittelt hat. So fühlte ich mich tatsächlich als Kind: irgendwie als Abfall."

↗ Susanne Führer: Schreiben ist eine Möglichkeit, Leben zu ersetzen. Deutschlandfunkkultur 21.8.2018
↓ Natascha Wodin um 2017, Rowohlt Verlag

Natascha Wodin
*1945

Als Kind ehemaliger ukrainischer Zwangsarbeiter verbringt Natascha Wodin einen Teil ihrer Kindheit im Valka-Lager in Langwasser. Früh verliert sie die Mutter und flieht vor dem gewalttätigen Vater in die Obdachlosigkeit. Sie absolviert eine Sprachenschule, arbeitet als Dolmetscherin in Moskau und übersetzt Literatur aus dem Russischen.

   1980 beginnt sie selbst zu schreiben. Ihre Geschichten haben autobiografischen Bezug und setzen sich mit Themen der Entwurzelung, Identitätssuche und Fremdheit auseinander. Im Roman *Sie kam aus Mariupol* beschreibt Natascha Wodin das Schicksal ihrer Mutter, die Zwangsarbeiterin in Deutschland war. 2017 erhält sie dafür den Preis der Leipziger Buchmesse.

Früher Verlust
Natascha ist elf Jahre alt, als sich ihre Mutter das Leben nimmt. Der Vater schickt sie daraufhin zusammen mit ihrer kleineren Schwester in ein katholisches Kinderheim.

← Familie Wodin am Grab der Mutter um 1956
Privatarchiv Natascha Wodin

Politische und religiöse Aneignungen

Nach dem Krieg wird das Reichsparteitagsgelände bewusst als Schauplatz für Veranstaltungen gewählt, die eine klare politische Haltung bekunden. Die Feier zum 1. Mai und ein Gewerkschaftstreffen sind ein demonstratives Statement gegen den Nationalsozialismus. Sudetendeutsche Tage dagegen knüpfen noch in den 1950er Jahren in Rhetorik, Botschaft und Inszenierung gewollt an die Reichsparteitage an.

Unterschiedliche religiöse Gruppen nutzen das Zeppelinfeld und wollen das Gelände mit Gottesdiensten positiv neu besetzen. Heute steht der historische Ort für diese teils fragwürdigen religiösen Botschaften nicht mehr zur Verfügung.

Gewerkschaftstreffen
Gewerkschafter aus Deutschland, Österreich und Frankreich treffen sich 1962 vor der Kongresshalle. Das Motto *Ihre Bauten sind tot – überwindet ihren Geist* steht in direktem Bezug zur Geschichte des Ortes und fordert zu neuem Denken und Handeln auf.

↑ Gewerkschaftstreffen 1962
Picture-Alliance/dpa/Karl Schnoerrer

Das große Bauwerk auf dem Zeppelinfeld in Nürnberg bildete den Hintergrund des Sudetendeutschen Tages. Die farbenfrohen Wappen und Fahnen der Lands-
mannschaften grüßten die Besucher, die, trotz des trüben Wetters, an Pfingsten zu Tausenden hierhergekommen waren, um ihr Bekenntnis zur Heimat abzulegen

Sudetendeutscher Tag

Auf der nachkolorierten Fotografie der Zeppelintribüne ist beim Sudetendeutschen Tag der Schriftzug *Soldier's Field* übermalt und die Massen sind
auf die Tribüne ausgerichtet. Mittelbau und Rednerkanzel sind mit Wappen, Abzeichen und Fahnen
dekoriert, ohne dass die Parallelen zur NS-Zeit als
störend empfunden werden.

↑ Sudetendeutscher Tag auf der Zeppelintribüne 1955
Dokumentationszentrum Reichsparteitagsgelände D-0307-01

Öffentlicher Vortrag

JEHOV

Triumphierendes Königreich

107 000 Anwesende

4337 Täuflinge

Über 50 000 wohnten in Zelten

Weltkongress
Faust und Krone Jehovas sowie ein Baldachin über der Rednerkanzel ersetzen zum Weltkongress der Zeugen Jehovas 1955 die NS-Symbole der Zeppelintribüne. Bis zu 100.000 Menschen feiern dort unter dem Motto *Triumphierendes Königreich* ihren Glauben.

↑ Postkarte 1955
Dokumentationszentrum Reichsparteitagsgelände D-0308-01

Massenevangelisation
Großer Andrang herrscht 1963 auf der Zeppelinwiese bei der Massenevangelisation des Baptistenpredigers Billy Graham. Graham versteht seine Veranstaltungen als Kreuzzüge gegen den Unglauben und wählt bewusst die Rednerkanzel der Zeppelintribüne als Verkündigungsort.

→ Fotoalbum 1963
Privatbesitz Andreas Hellmuth

Am 16. Juni 1963
auf der Zeppelinwiese

Billy Graham
bringt das Wort
Gottes
dem Menschen
unserer Zeit

12. – 16. Juni

Pragmatische Verwertung

In ihrer breiten Mehrheit versucht die deutsche Nachkriegsgesellschaft, einer schmerzhaften Konfrontation mit der Vergangenheit zu entgehen. Angesichts der massiven Kriegsschäden in Nürnberg dient vor allem die Kongresshalle als wichtiger Nutz- und Stauraum. Dieser pragmatische Umgang wird bis heute beibehalten.

Der Abriss der Luitpoldarena in den 1950er und der Märzfeldtürme in den 1960er Jahren schafft Platz für neue städtische Baumaßnahmen. Hier entstehen die Meistersingerhalle und der Stadtteil Langwasser. Unbequeme Geschichte wird bequem entsorgt. Kontrovers diskutiert wird erst die Sprengung der Pfeilergalerien auf der Zeppelintribüne 1967. Heute dominieren Sport-, Musik- und Freizeitveranstaltungen das Geschehen im wiederhergestellten Volkspark Dutzendteich.

Bob Dylan-Konzert
1978 spielt Bob Dylan bei seinem legendären Auftritt auf dem Zeppelinfeld den Song *Masters of War*, in dem er sich explizit gegen Kriegstreiber wendet. Die feiernde Menschenmenge belagert die Tribüne. Das Konzert öffnet das Areal endgültig für große Musikveranstaltungen.

↑ Zeppelintribüne beim Dylan-Konzert 1978
Privatbesitz Johann Gerdenitsch

Martin Droschke, in seinem Gedicht
„Naherholungsgebiet Reichsparteitagsgelände" 1995

„Die Fahne im Bratwurstgeruch aus mobilem Feldgrill hebt sich zum Gruß: Wollt ihr das totale Erlebnis. […] Im Panorama die Führertribüne, ein Schwan auf dem Dutzendteich, Hannes, der unter der Audi-Club-Fahne Bratwürste wendet und nachlegt."

Laufschrift. Magazin für Literatur und Kunst 1/1995

Tretboot-Legende

Bis zur Zerstörung durch die Nationalsozialisten ist der Dutzendteich mit Naturerlebnis, Gastronomie und Teichschifffahrt ein beliebtes Ausflugsziel der Nürnberger. Heute ist der Tretboot-Schwan das Symbol für das wiederhergestellte Erholungsgebiet im Südosten der Stadt.

↑ Tretbootschwan am Dutzendteich 2015
Dokumentationszentrum Reichsparteitagsgelände D-0309-01/Helmut Meyer zur Capellen/Fotomontage: Kommunikationsdesign Martin Küchle

Norisringrennen

1947 findet erstmals das Norisringrennen rund um die Zeppelintribüne statt. Mit dieser bewussten Entscheidung des Stadtrats soll die nationalsozialistische Vergangenheit des Orts durch ein populäres Freizeiterlebnis überlagert werden. Heute ist das Rennen zunehmend umstritten.

↑ Norisringrennen 2008
Stadt Nürnberg/Ralf Schedlbauer

Klassik Open Air
Seit dem Jahr 2000 kommen jährlich über
160.000 Menschen bei Konzerten zu einem
friedlichen Picknick am ehemaligen Aufmarschort
von SS und SA zusammen.

↑ Konzert im Luitpoldhain 2013
Stadt Nürnberg/Uwe Niklas

Quellelager Kongresshalle
Der geplante Abriss und ein Umbau der Kongresshalle
scheitern an den Kosten. Um den vorhandenen Raum
gewinnbringend zu nutzen, vermietet die Stadt 1972
große Teile der Kongresshalle an das Versandhaus Quelle.
Bis zur Insolvenz im Jahr 2006 verschickt die Quelle von
Nürnberg aus Waren in die ganze Republik.

↑ Hinweisschild Quelle Anlieferer! um 1980
Dokumentationszentrum Reichsparteitagsgelände DZO-0143-0/Objektfoto: Tim Hufnagl

Umstrittene Sprengung

1967 wird auf Anordnung des Oberbürgermeisters die
Pfeilergalerie der Zeppelintribüne wegen Baufälligkeit
gesprengt. Dieser massive Eingriff in das Gebäude
sorgt für eine heftige Debatte. In der Öffentlichkeit
entsteht der Eindruck, dass Probleme mit der Bau-
substanz willkommener Anlass sind, unliebsame Relikte
der NS-Zeit schnell zu beseitigen.

↑ Steinbrocken der Pfeilergalerie 1967
Dokumentationszentrum Reichsparteitagsgelände DZO-014/
Objektfoto: Stefan Meyer

Vielfältige Weiternutzung

Veränderte Wahrnehmung

Kritisches Bewusstsein

In den 1960er Jahren wird die nationalsozialistische Vergangenheit von vielen Deutschen weiterhin verdrängt. Nürnbergs Kulturreferent Hermann Glaser startet in Diskussionsrunden die Auseinandersetzung mit der NS-Geschichte in der Stadt. Auf seine Initiative entsteht 1984 in der Zeppelintribüne ein bundesweit einzigartiges Informationsangebot zum Thema.

2001 eröffnet das Dokumentationszentrum Reichsparteitagsgelände im nördlichen Kopfbau der seit 1973 denkmalgeschützten Kongresshalle. Die Dauerausstellung erklärt die Geschichte der Reichsparteitage und des Geländes. Der Entwurf von Günther Domenig setzt ein deutliches Zeichen gegen die Architektur des Großbaus.

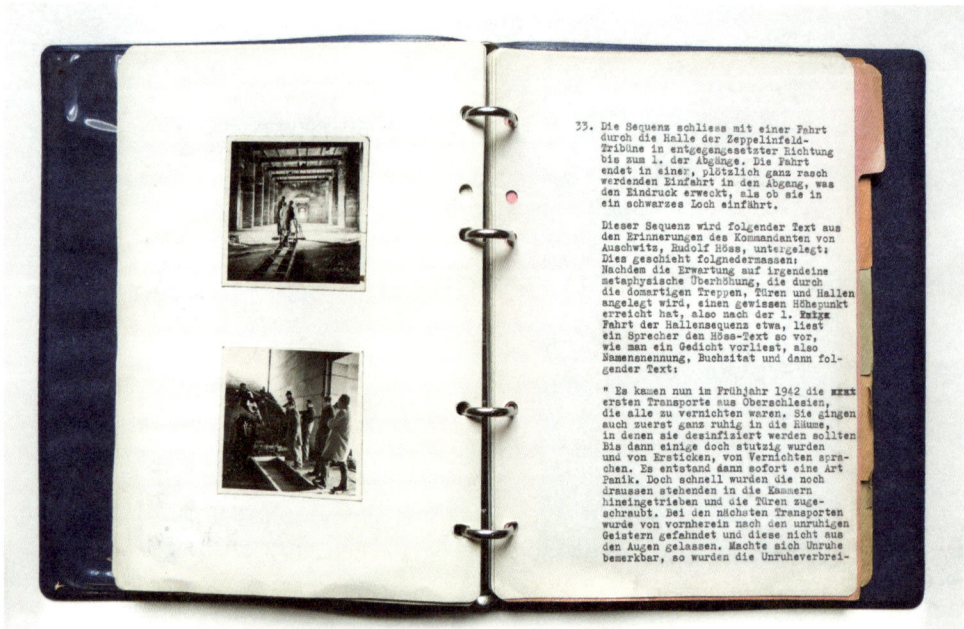

„Brutalität in Stein"
Der Film *Brutalität in Stein* von Alexander Kluge und Peter Schamoni aus dem Jahr 1960 zeugt von neuem Nachdenken über die Bauten des National-sozialismus. Mit genauen Anweisungen im Arbeits-buch zu Bild, Schnitt und Ton soll die Architektur dekonstruiert werden.

↑ Arbeitsbuch 1960
Schamoni Film & Medien München

Hermann Glaser zur Eröffnung der Ton-Bild-Schau in der
Zeppelintribüne 1984

„Wir haben auf diesem Gelände gezögert, weil wir dachten, es solle von selbst zerfallen."

↑ Pädagogisches Institut: Faszination und Gewalt. Ein Bericht, Nürnberg 1985
↓ Hermann Glaser 1965, Nürnberger Nachrichten/Gertrud Gerardi

Hermann Glaser
1928–2018

Geprägt von den Erlebnissen seiner Kindheit im Nationalsozialismus initiiert Prof. Dr. Hermann Glaser als Nürnberger Kulturreferent in den 1960er Jahren die *Nürnberger Gespräche*. Zahlreiche Intellektuelle, darunter jüdische Emigranten wie Fritz Stern oder Jean Améry, diskutieren über geschichtliche und politische Fragestellungen.

Auf Glasers Veranlassung eröffnet 1984 die Ton-Bild-Schau *Faszination und Gewalt* in der Zeppelintribüne. Die bundesweit beachtete Schau wird trotz inhaltlicher Kritik als erster Schritt auf dem Weg zu einer Auseinandersetzung mit dem Reichsparteitagsgelände gesehen. Glaser engagiert sich bis zu seinem Tod 2018 als Streiter für die *Soziokultur* und ist Autor zahlreicher Publikationen zur deutschen Kulturgeschichte.

Gesprächsforum
Hermann Glaser greift in den *Nürnberger Gesprächen* eine Frage der 68er-Generation auf: Wie konnte es zum *Dritten Reich* kommen? Die vollbesetzte Meistersingerhalle in den 1960er Jahren bestätigt das große Interesse am Thema.

↑ *Nürnberger Gespräch in der Meistersingerhalle 1968*
Nürnberger Nachrichten/Gertrud Gerardi

Erste Ausstellung „Faszination und Gewalt"
Ab 1985 erarbeitet das Pädagogische Institut in
Nürnberg die Ausstellung *Faszination und Gewalt*.
Die Tafeln haben bewusst provisorischen Charakter.
Die rein deutschsprachige Ausstellung in der
ungeheizten, lediglich im Sommer geöffneten
Zeppelintribüne verzeichnet jährlich weit über
50.000 Besucher. Sie schließt 2001 mit der
Eröffnung des Dokumentationszentrums.

← Plakat *Faszination und Gewalt* 1992
Stadtarchiv Nürnberg A28-1992_0561_1

→ Ausstellungstafel *Faszination und Gewalt* 1985
Dokumentationszentrum Reichsparteitagsgelände DZO-0145-01/
Objektfoto: Stefan Meyer

↓ Ausstellungsraum *Faszination und Gewalt* 1985
Stadtarchiv Nürnberg A40-L_4475_3

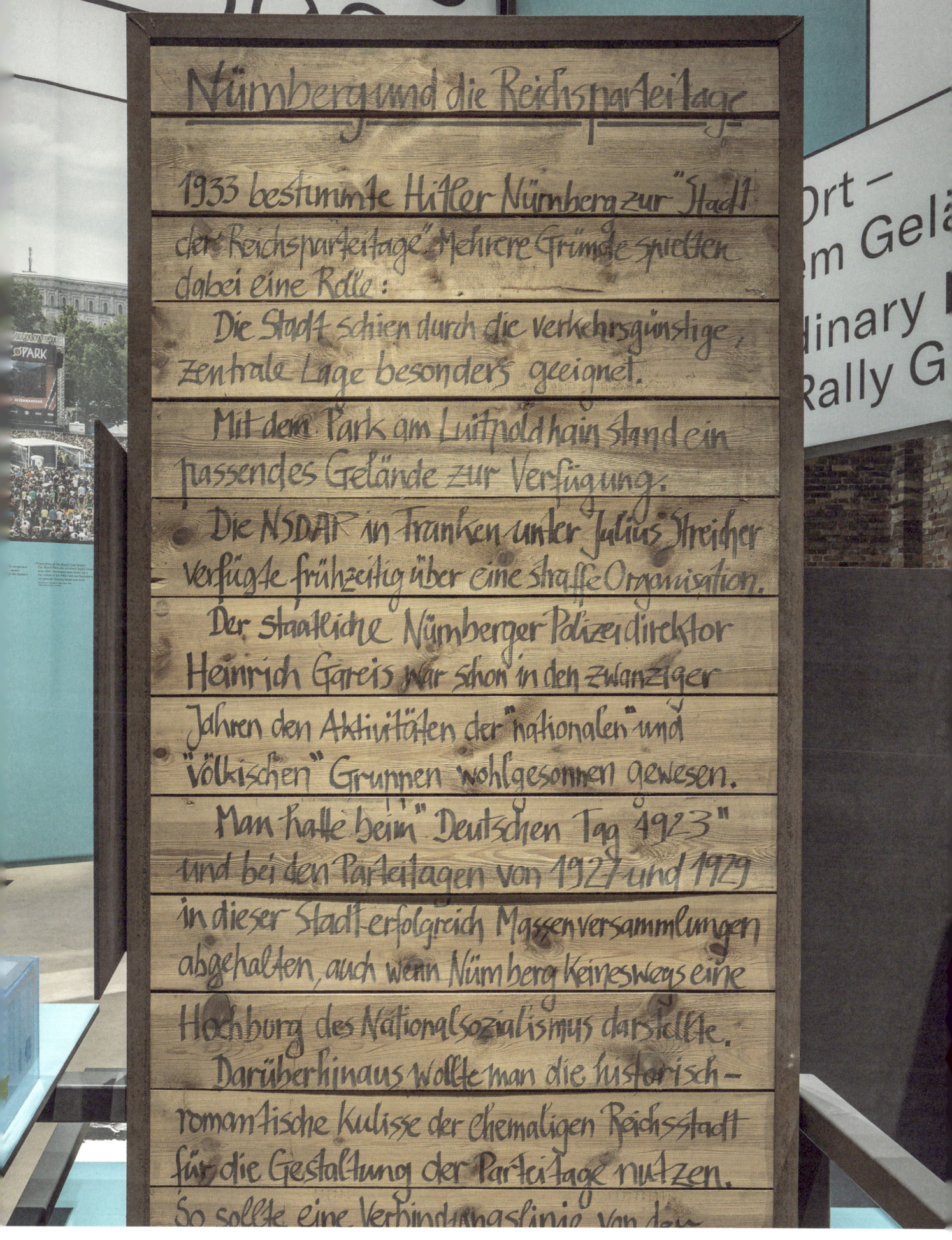

Nürnberg und die Reichsparteitage

1933 bestimmte Hitler Nürnberg zur "Stadt der Reichsparteitage". Mehrere Gründe spielten dabei eine Rolle:

Die Stadt schien durch die verkehrsgünstige, zentrale Lage besonders geeignet.

Mit dem Park am Luitpoldhain stand ein passendes Gelände zur Verfügung.

Die NSDAP in Franken unter Julius Streicher verfügte frühzeitig über eine straffe Organisation.

Der staatliche Nürnberger Polizeidirektor Heinrich Gareis war schon in den zwanziger Jahren den Aktivitäten der "nationalen" und "völkischen" Gruppen wohlgesonnen gewesen.

Man hatte beim "Deutschen Tag 1923" und bei den Parteitagen von 1927 und 1929 in dieser Stadt erfolgreich Massenversammlungen abgehalten, auch wenn Nürnberg keineswegs eine Hochburg des Nationalsozialismus darstellte.

Darüber hinaus wollte man die historisch-romantische Kulisse der ehemaligen Reichsstadt für die Gestaltung der Parteitage nutzen. So sollte eine Verbindungslinie von den

Veränderte Wahrnehmung

Dokumentationszentrum

Mit dem Dokumentationszentrum setzt Nürnberg ab 2001 ein markantes Zeichen. Architekt Günther Domenig stellt den modernen Bau mit einem Schnitt quer durch das denkmalgeschützte Gebäude sowie dem schrägwinkeligen Aufbau des Studienforums bewusst gegen die monumentale Strenge der Kongresshalle.

↑ Eingang Dokumentationszentrum 2020
Dokumentationszentrum Reichsparteitagsgelände D-0310-01/
Nürnberg Luftbild Hajo Dietz

Günther Domenig, über seine erste Begegnung
mit der Kongresshalle 1998

„… die architektonische Übersetzung der Macht – es gab nur rechte Winkel und Achsen. Diese Macht wollte ich zerstören."

↗ Günther Domenig 2000, Dokumentationszentrum Reichsparteitagsgelände Ph-1138-13
↓ Presseinformation Dokumentationszentrum Reichsparteitagsgelände 2001

Günther Domenig
1934–2012

Günther Domenig ist einer der wichtigsten zeitgenössischen Architekten Österreichs. Sein Werk
ist radikal, konsequent und visionär und erhält
zahlreiche Auszeichnungen. Schon immer versteht
er Architektur als Gesamtkunstwerk und als politisches Statement.

1998 gewinnt Domenig den internationalen
Gestaltungswettbewerb für das Dokumentationszentrum in Nürnberg. Eigener Aussage nach ent-
stammt Günther Domenig einem nationalsozialis-
tisch eingestellten Elternhaus. Für ihn ist das Bauprojekt in Nürnberg daher ein Stück Aufarbeitung
der eigenen Biografie.

Gang aus Glas
Ein 130 Meter langer Gang aus Glas und Stahl
durchschneidet den Kopfbau der Kongresshalle.
Diese wird dadurch zum begehbaren Exponat. Am
Ende des Pfahls befindet sich eine Plattform, von
der aus man den gesamten Innenhof überblicken
kann.

← Glasgang Dokumentationszentrum 2013
Dokumentationszentrum Reichsparteitagsgelände D-0311-01/
Helmut Meyer zur Capellen

Veränderte Wahrnehmung

Touristische Attraktion

Besucher, die sich für die Geschichte der Parteitagsbauten interessieren, gibt es auf dem Gelände schon immer. Allerdings finden sie in den ersten Jahrzehnten nach dem Krieg kaum Informationsangebote. Nicht zuletzt aus Sorge, rechte Kreise anzuziehen, möchte die Stadt Nürnberg den Tourismus auf dem Gelände lange Zeit nicht offiziell bedienen.

Erst seit den 1980er Jahren gibt es mit Broschüren, Führungen und der ersten Ausstellung ein entsprechendes Angebot. Stellenweise ist Kritik an kommerziellem und oberflächlichem Erinnerungstourismus gerechtfertigt. Viele Gäste zeigen jedoch ein vertieftes Interesse am Thema. Alleine das Dokumentationszentrum zählt inzwischen jährlich über 300.000 Besucher.

„Auf Hitlers Spuren"
In den 1970er Jahren berichtet die Presse über Touristen *auf Hitlers Spuren*. Lange hofft die Stadt, derartiges Interesse am *Dark Tourism* erledige sich von selbst. Heute bieten zahlreiche vertiefende Angebote die Möglichkeit, sich jenseits des Gruselfaktors über die Geschichte zu informieren.

→ Artikelausschnitt von Heinz Günther: Was geschieht mit der Kongreßhalle?
in: Abendblatt – 8-Uhr-Blatt 21.8.1971
Dokumentationszentrum Reichsparteitagsgelände D-0316-02

Die Touristen sind das größte Problem von Ernst Maier (53), der im Auftrag des städtischen Liegenschaftsamtes eine Art Hausmeister für das einstige Parteitagsgelände ist. (Maier: „Jahr für Jahr kommen Tausende Touristen zu mir, um sich den Rundbau und das ganze Gelände zeigen zu lassen. Engländer, Holländer und Franzosen, vor allem aber Amerikaner, die auf Hitlers Spuren wandeln wollen. Die sprechen mich überall an. Aber es fällt mir leicht, mit den Schultern zu zucken, denn ich verstehe tatsächlich keine Fremdsprache. Nur manchmal, wenn Generäle und Admiräle kommen, offiziell, dann springe ich als Fremdenführer ein."

In seinem atombombensicheren Minibüro im Erdgeschoß des Superbaus hat Hausmeister Maier 24 Jahre lang hinter meterdicken Granitmauern über

Nürnberg (E
Zeugnis einer
Provinzstadt m
Stadtvätern, di
den Touristen,

das alles nachde
Ihm geht es imm
jedem Fremden, v
bergern ganz zu s
irrer Riese hat h
geklotzt, auf das n
vernünftigen R
kann. Ist das G
tonisch bewunde
historisch geseher
Soll das alles als
Zeugnis erhalten
genutzt oder wo S
los ist — dem la
fall preisgegeben

Das Sprengen a
anders als bei der
men — beim Run

Nürnberger Highlights

Die touristische Anziehungskraft des Geländes bleibt der Branche nicht verborgen. Noch in den 2000er Jahren stehen das Justizgebäude als Schauplatz der Nürnberger Prozesse und die Kongresshalle auf Ansichtskarten neben Motiven mittelalterlicher Sehenswürdigkeiten.

↑ Postkarte *Nürnberg* 2008
Dokumentationszentrum Reichsparteitagsgelände D-0316-01

Unsere Angebots-Pakete in Nürnberg

Nürnbergs verpflichtende Vergangenheit

Die Zeit von 1933 bis 1945 beschreibt das dunkelste Kapitel der Stadt Nürnberg. Das Dokumentationszentrum Reichsparteitagsgelände vermittelt die Geschichte der Reichsparteitage und analysiert die Zusammenhänge und Folgen der Gewaltherrschaft. Als größter Meilenstein in der Geschichte des Völkerrechts gelten hingegen die Nürnberger Prozesse. Am historischen Ort ist seit 2010 mit dem Memorium Nürnberger Prozesse eine Dokumentationsstätte wieder zugänglich, die über die Prozesse und die internationalen Nachwirkungen aufklärt.

Leistungen:

- eine, zwei oder drei Übernachtungen mit Frühstücksbuffet
- Eintritt in das Dokumentationszentrum Reichsparteitagsgelände
- Eintritt in das „Memorium Nürnberger Prozesse"
- Kurzführer „Reichsparteitagsgelände Nürnberg"

3→2 SPECIAL

ab 65,- Euro **Gültigkeit:** 1. Januar bis 26. November und 23. bis 31. Dezember 2015, ausgenommen Messezeiten (siehe Kalender im Umschlag)

Reise zum Nürnberger Christkind

Erleben Sie die Weihnachtsstadt Nr. 1 mit dem berühmten Christkindlesmarkt und tauchen Sie ein in die unverwechselbare Atmosphäre der festlich geschmückten Altstadt.

Unser Tipp: Reisen Sie am Sonntag an und genießen Sie – wie es auch die Nürnberger machen – Ihren Bummel über den Christkindlesmarkt am Sonntagabend oder unter der Woche.

Leistungen:

- eine, zwei oder drei Übernachtungen mit Frühstücksbuffet
- Nürnberger Weihnachts-Pass mit Gutscheinen für:
  - einen Nürnberger Elisen-Lebkuchen
  - einen Glühwein mit Sammeltasse
  - ein Bratwurstbrötchen
  - Eintritt in die Krippenausstellung in St. Egidien
  - Bildpostkarte vom Nürnberger Christkind
  - 2 € Nachlass auf die Christkindlmarkt-DVD
- ein Weihnachtssouvenir

ab 66,- Euro **Gültigkeit:** 27. November bis 23. Dezember 2015

DTM-Highlight am Norisring

Das Highlight der DTM-Serie ist der spektakuläre Stadtkurs am Norisring. Für alle Motorsport-Begeisterten haben wir ein exklusives DTM-Event-Paket geschnürt, in dem alles beinhaltet ist, was Sie für ein spannendes Rennwochenende benötigen.

Leistungen:

- zwei Übernachtungen in einem Mittelklasse-Hotel mit Frühstücksbuffet
- ein Wochenend-Ticket für das DTM-Rennen auf dem Norisring (wahlweise Silber oder Gold)
- Ticket für den öffentlichen Nahverkehr
- ein Stadtrundgang oder ein schriftlicher Stadtführer
- die Original Nürnberger Rostbratwürstchen in einem Altstadtrestaurant

➥ tourismus.nuernberg.de/norisring

2 Übernachtungen ab 185,- Euro **Gültigkeit:** voraussichtlich 26. bis 28. Juni 2015

Nürnberg zum Verschenken

Sie nennen uns den Geldwert, den Sie verschenken wollen und bekommen von uns einen repräsentativen Gutschein.

Pakete und Hotels in Fürth ab Seite 101 – Pakete und Hotel in Erlangen ab Seite 112 – Paket und Hotel in Schwabach Seite 117   07

Pauschalangebot

Noch vor wenigen Jahren ist Nürnbergs *verpflichtende Vergangenheit* zum günstigen Paketpreis neben Christkindlesmarkt und Norisringrennen Bestandteil des offiziellen touristischen Angebots. Neue Prospekte zeigen einen sensibleren Umgang mit dem historischen Ort.

↑ Katalog *Reiseerlebnisse* 2015
Congress- und Tourismus-Zentrale Nürnberg

Verpflichtende Vergangenheit?

Nürnberg stellt sich seiner Vergangenheit: 60 Jahre nach Verabschiedung der *Nürnberger Gesetze* und 50 Jahre nach Kriegsende wird 1995 zum ersten Mal der *Internationale Nürnberger Menschenrechtspreis* verliehen. Er soll eine Antwort sein auf Nürnbergs Geschichte im Nationalsozialismus und die damals verübten Verbrechen. Mit der Eröffnung des Dokumentationszentrums 2001 sowie des Memoriums Nürnberger Prozesse 2010 werden wichtige dauerhafte Informationsangebote geschaffen.

Doch Erinnerungskultur kann mehr bedeuten: Angemessene Gedenkorte für Opfergruppen des Nationalsozialismus, ein fortlaufender Diskurs zum Umgang mit dem Reichsparteitagsgelände und die Verantwortung des Einzelnen innerhalb der Stadtgesellschaft.

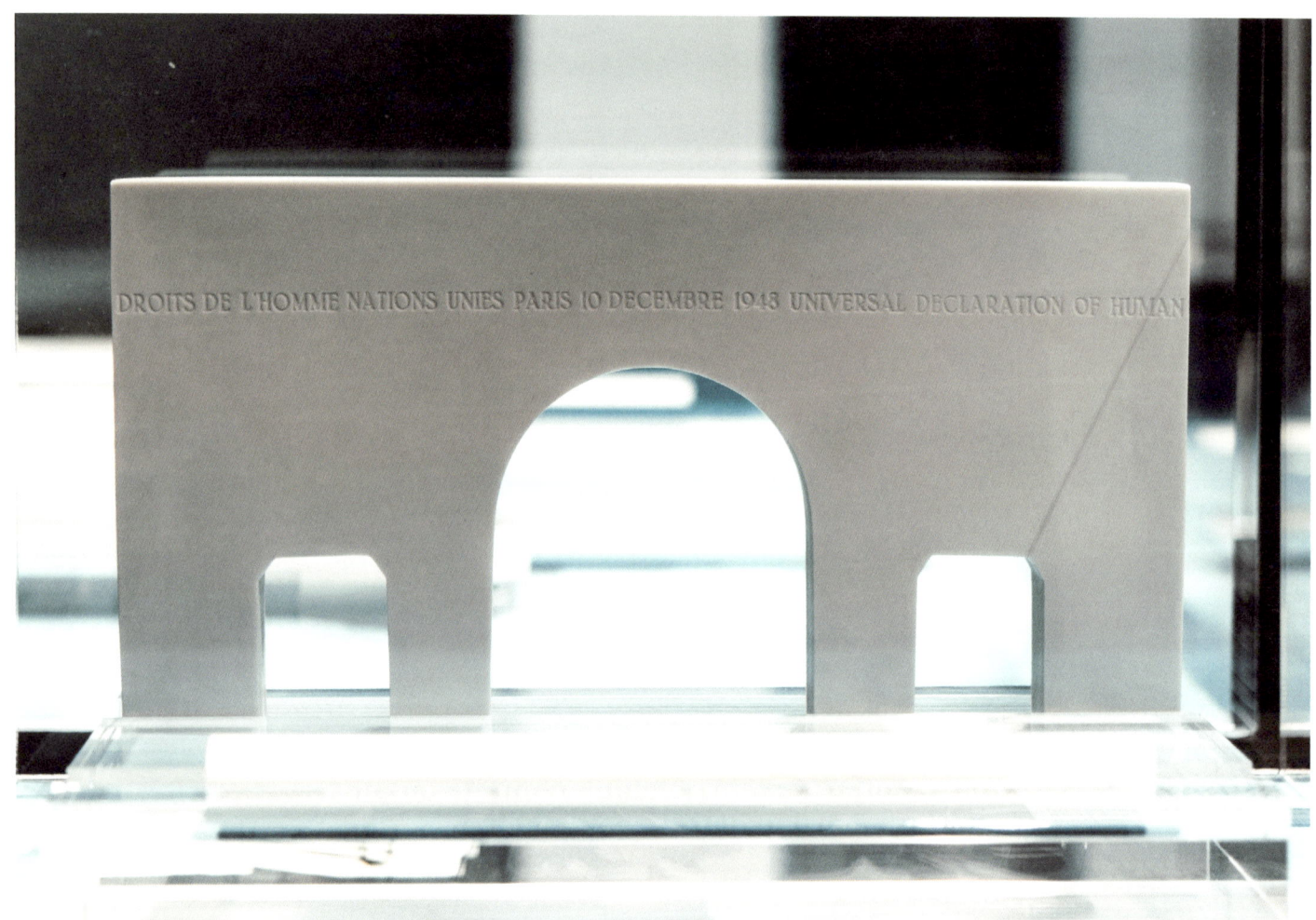

Nürnberger Menschenrechtspreis
Alle zwei Jahre werden Verteidiger der Menschenrechte mit dem Preis ausgezeichnet. Die Skulptur
erinnert an die Straße der Menschenrechte des
israelischen Künstlers Dani Karavan und symbolisiert
Hoffnung auf eine Welt, die Menschenrechte achtet.

↑ Preisskulptur 1995
Stadt Nürnberg, Menschenrechtsbüro/Objektfoto: Christian Sperber

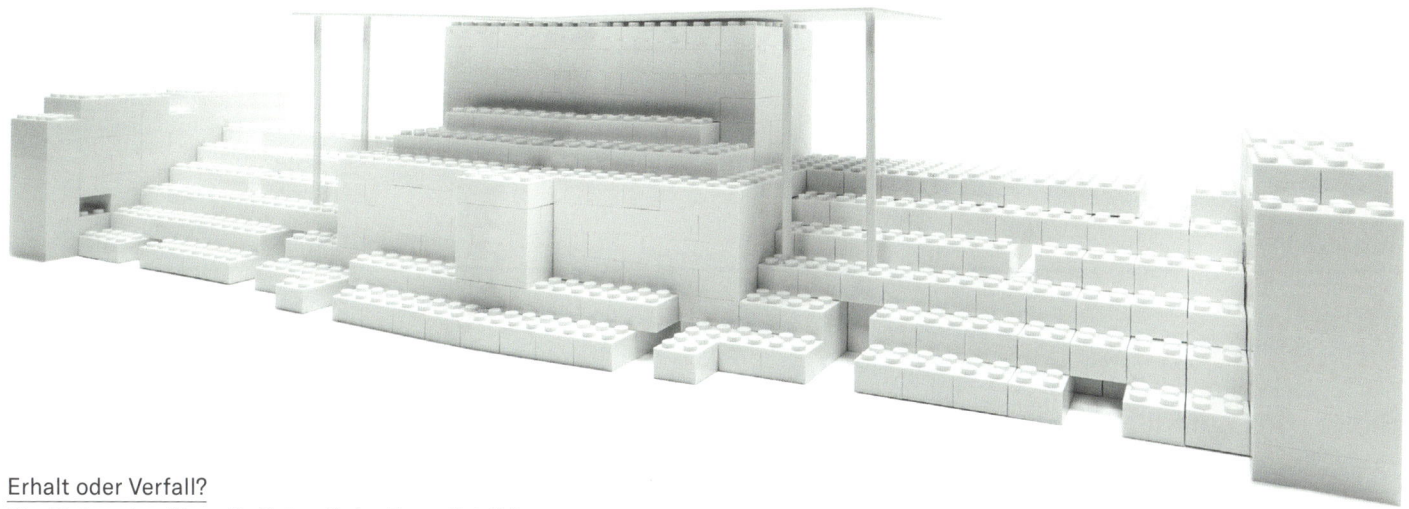

Erhalt oder Verfall?
Die Diskussion über die Zukunft der Zeppelintribüne
wird in der Stadt kontrovers geführt. Denkmodelle
aus handelsüblichen Legosteinen visualisieren
2014 verschiedene Möglichkeiten für den künftigen
Umgang mit dem Gebäude.

↑ Legotribüne 2014
BauLust e.V., Positionen 2014

Bahnhof Märzfeld
2006 werden am ehemaligen Bahnhof Märzfeld
Informationstafeln aufgestellt. Trotz des Engagements
bürgerlicher Initiativen ist der stillgelegte Bahnhof
bis heute kein würdiger Erinnerungsort an Gefangenschaft, Zwangsarbeit und Deportation.

↑ Bahnhof Märzfeld 2020
Dokumentationszentrum Reichsparteitagsgelände D-0334

Veränderte Wahrnehmung

Bleibende Bilder

Kollektives Bildgedächtnis

Bilder von Leni Riefenstahl und Heinrich Hoffmann sind heute fest im kollektiven Bildgedächtnis verankert. Über Jahrzehnte werden sie meist unreflektiert als Illustration in Dokumentationen, wissenschaftlichen Abhandlungen oder Lehrbüchern über den Nationalsozialismus verwandt. Damit wird die Vorstellung von einer „allmächtigen" Propaganda sowie „verführten" Deutschen weitergetragen. Bis heute prägen die inszenierten und komponierten Propagandabilder der NS-Zeit das Geschichtsbild von Generationen.

Die einst neuartige Filmästhetik von *Triumph des Willens* wird zudem in zahlreichen Spielfilmen rezipiert. Aufnahmen von Massenaufmärschen zitieren in unterschiedlichen Kontexten den Film von 1934. Inzwischen ist es unter Historikern und in Dokumentationen üblich, die Herkunft und Intention der Bilder kritisch zu thematisieren.

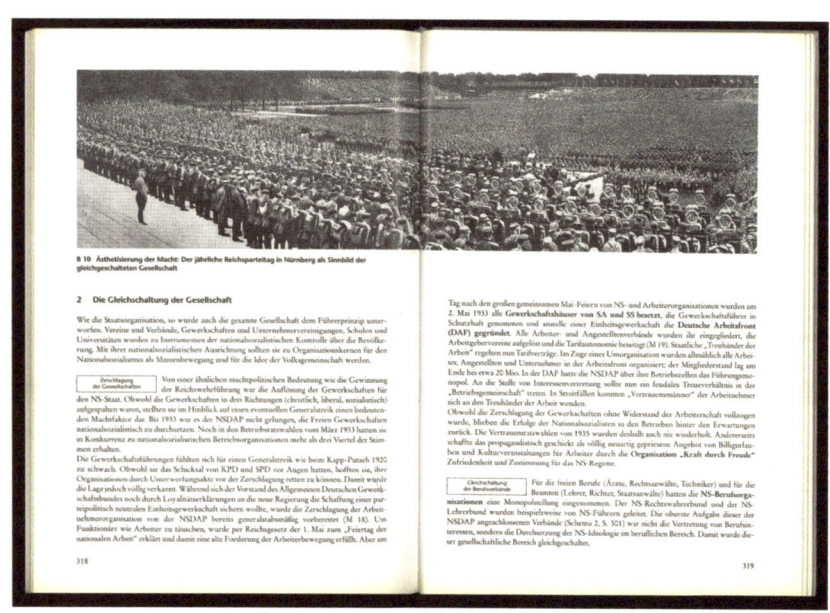

Illustration
Propagandafotos der Reichsparteitage nehmen in Ausstellungen oder Schulbüchern bis weit in die 2000er Jahre gegenüber dem Text keine eigenständige Funktion ein und geben Interpretationen vor.

← Geschichtsbuch 1998
Privatbesitz

→ Ausstellungstafel *Faszination und Gewalt* des Dokumentationszentrums 2001–2021 mit diversen Schulbüchern sowie Monitor „Riefenstahl-Rezeptionen"
Dokumentationszentrum Reichsparteitagsgelände DZO-0150/
Objektfoto: Christian Sperber

Der „Führer"

707

Die Parteitagsregie war ganz auf
den „Führer" und den „Führermythos"
zugeschnitten. Auch dies wurde
durch die Architektur unterstrichen.
Bauten waren so gestaltet,
den Blick auf die zentrale
Hitlers lenkten. Das auf
versammelte
„Führer"
richtet

Der ... Löwen

Illustration
Propagandafi
nehmen in A
bis weit in d
dem Text ke
und geben f

Kunst auf dem Gelände

Auf vielfältige Weise kann Kunst neue Zugänge und erweiterte Sichtweisen auf das Reichsparteitagsgelände ermöglichen. Auf Fragen nach Erinnerung, Schuld und einem adäquaten Umgang mit den architektonischen Hinterlassenschaften der Nationalsozialisten suchen Künstler seit Jahrzehnten individuelle Antworten.

Begleitend zur Ausstellung in der Zeppelintribüne finden dort ab 1985 künstlerische Präsentationen statt. 2004 sieht ein Leitlinienpapier des Stadtrats ausdrücklich Kunst auf dem Gelände vor. Dennoch gibt es seit den 1990er Jahren dort kaum Aktionen. Beständiges Interesse an einer künstlerischen Auseinandersetzung sowie konkrete Anfragen in den letzten Jahren belegen die Notwendigkeit eines konzeptionellen Rahmens für Kunst auf dem Gelände in der Zukunft.

Theater
Das Staatstheater Nürnberg spielt 2009 *Die Ermittlung* von Peter Weiss im Halbrund der Kongresshalle. Die eindrückliche Aufführung in den atmosphärisch außergewöhnlichen Räumen des ehemaligen Quellelagers verändert die Wahrnehmung von Theaterstück und Veranstaltungsort.

↑ Theateraufführung *Die Ermittlung* in der Kongresshalle 2009
Staatstheater Nürnberg/Marion Bührle

1980

Titel   Der anachronistische Zug oder Freiheit und Democracy
Künstler   Aktion Brecht gegen Strauß, u. a. mit Hanne Hiob
Ort   Zeppelintribüne Vorderseite

1980

Titel   Overkill I und II
Künstler   Hans Jürgen Breuste
Ort   Zeppelintribüne Rückseite

1986

Titel   Der Kommentar der Lebenden zu den toten Spuren der Vergangenheit
Künstler   Einstürzende Neubauten
Ort   Zeppelintribüne Saal

1988

Titel   Litzmannstadt
Künstler   Hans Jürgen Breuste
Ort   Zeppelintribüne Saal

Archiv Nürnberger Nachrichten, Peter Vrba Dokumentationszentrum Reichsparteitagsgelände/Stadt Nürnberg

Bleibende Bilder

Symbolort Zeppelintribüne

Das ehemalige Reichsparteitagsgelände und insbesondere die Zeppelintribüne sind keine gewöhnlichen Orte. Sie eignen sich nicht als unbekümmerte Kulisse für Instagram-Posts oder provokante Inszenierungen im Netz. Es stellt sich die Frage: Wieviel Trivialisierung lassen wir zu?

Dieser Ort ist wichtig, für die Überlebenden der Verbrechen des Nationalsozialismus und ihre Nachkommen. Hier bringen sie Genugtuung zum Ausdruck und fordern eine verstärkte Auseinandersetzung mit der Geschichte. Dieser Ort ist aber auch wichtig für uns als demokratische Gesellschaft. Er fordert uns alle immer wieder neu heraus. Wir müssen Stellung beziehen und eine eigene Form der Auseinandersetzung mit den baulichen Hinterlassenschaften des Nationalsozialismus finden. Rechtsradikale Verbrechen und politische Bewegungen seit 1945 zeigen: Die Geschichte ist nicht zu Ende.

NSU-Morde
Als im Juli 2018 die Urteile gegen Mitglieder des *Nationalsozialistischen Untergrunds* gesprochen werden, ziert dieser Aufruf die Zeppelintribüne. In Nürnberg verübt der NSU drei Morde in unmittelbarer Nähe des Geländes – ein Zufall?

→ Schriftzug *Nie wieder NSU* auf der Zeppelintribüne 2018
Dokumentationszentrum Reichsparteitagsgelände D-0313

„rise and fall and fail and scroll"
Der bildende Künstler Sebastian Tröger geht auf Spurensuche ins Netz und zeigt mit dieser Installation aus dem Jahr 2021, wie unterschiedlich der Ort Reichsparteitagsgelände von verschiedenen Gruppen wahrgenommen und in Szene gesetzt wird.

↑ Sebastian Tröger: *rise and fall and fail and scroll* 2021
Dokumentationszentrum Reichsparteitagsgelände DZO-0151/
Objektfoto: Sebastian Tröger

„Stolz und Genugtuung"
Leon Weintraub überlebt den Holocaust und ist
mehrmals Gast zu Zeitzeugengesprächen im
Dokumentationszentrum. Die ehemalige Rednerkanzel ist für ihn ein wichtiger Ort.

↑ Leon Weintraub auf der Zeppelintribüne 2012
Dokumentationszentrum Reichsparteitagsgelände D-0312

Leon Weintraub, Überlebender des Holocaust,
bei einem Besuch auf der Zeppelintribüne 2012

„Als ich da oben auf dieser Zeppelintribüne stand […], überkam mich ein Gefühl der Unwirklichkeit […]. Aber auch ein wenig Stolz und Genugtuung, dass ich an der Stelle stehe, an der Hitler stand und bei den Paraden die Huldigung der Anhänger entgegennahm."

Alexander Schmidt (Hg.): Das Gelände, Nürnberg 2015

Bleibende Bilder

Literaturauswahl

André François-Poncet: Botschafter in Berlin, Mainz 1948.

Angrick, Andrej/Klein, Peter: Die „Endlösung" in Riga. Ausbeutung und Vernichtung 1941–1944, Darmstadt 2006.

Auerbach, Hellmuth: Regionale Wurzeln und Differenzen der NSDAP 1919–1923, in: Möller, Horst/Wirsching, Andreas/Ziegler, Walter (Hg.): Nationalsozialismus in der Region. Beiträge zur regionalen und lokalen Forschung und zum internationalen Vergleich, München 1996, S. 65–85.

Bauernfeind, Martina/Windsheimer, Bernd: Langwasser. Geschichte eines Stadtteils, Nürnberg 2007.

Beer, Helmut/Heyden, Thomas/Loch, Christian/Liedtke, Gerd-Dieter/Nerdinger, Winfried/Schmidt, Alexander: Bauen in Nürnberg 1933–1945. Architektur und Bauformen im Nationalsozialismus, Nürnberg 1995.

Bennewitz, Nadja/Franger, Gabriele (Hg.): Geschichte der Frauen in Mittelfranken. Alltag, Personen, Orte, Cadolzburg 2003.

Benz, Wolfgang/Diefenbacher Michael (Hg.): Die steinerne Rose. Erinnerungen einer polnischen Fremdarbeiterin in Deutschland 1942–1943, von Barbara Ostyn (Jablonska), Berlin 2003.

Benz, Wolfgang/Distel, Barbara (Hg.): Der Ort des Terrors. Geschichte der nationalsozialistischen Konzentrationslager, Bd. 9, München 2009.

Boeckl, Matthias (Hg.): Günther Domenig. Recent Work, Wien 2005.

Braun, Matthias Klaus: Hitlers liebster Bürgermeister: Willy Liebel (1897–1945) (Nürnberger Werkstücke zur Stadt- und Landesgeschichte 71), Nürnberg 2012.

Brechtken, Magnus: Speer – eine deutsche Karriere, Berlin 2017.

Breloer, Heinrich: Die Akte Speer. Spuren eines Kriegsverbrechers, Berlin 2005.

Brockhaus, Gudrun (Hg.): Attraktion der NS-Bewegung, Essen 2014.

Browning, Christopher: Die Entfesselung der Endlösung. Nationalsozialistische Judenpolitik 1939–1942, München 2003.

Christmeier Martina/Schmidt, Alexander (Hg.): Albert Speer in der Bundesrepublik. Vom Umgang mit deutscher Vergangenheit, Petersberg 2017.

Dietzfelbinger, Eckhart/Liedtke, Gerhard: Nürnberg – Ort der Massen. Das Reichsparteitagsgelände: Vorgeschichte und schwieriges Erbe, Berlin 2004.

Dokumentationszentrum NS-Zwangsarbeit der Stiftung Topographie des Terrors (Hg.): Zwischen allen Stühlen. Die Geschichte der Italienischen Militärinternierten 1943–1945, Berlin 2016.

Dokumentationszentrum NS-Zwangsarbeit der Stiftung Topographie des Terrors (Hg.): Alltag Zwangsarbeit 1938–1945, Berlin 2013.

Dokumentationszentrum Reichsparteitagsgelände/Geschichte Für Alle e.V./Bunter Tisch Gartenstadt und Siedlungen Süd (Hg.): VON AUSCHWITZ NACH NÜRNBERG. Das KZ-Außenlager der Siemens-Schuckertwerke, Nürnberg 2020.

Doosry, Yasmin: „Wohlauf, laßt uns eine Stadt und einen Turm bauen ...". Studien zum Reichsparteitagsgelände in Nürnberg, Tübingen 2002.

Echternkamp, Jörg (Hg.): Das Deutsche Reich und der Zweite Weltkrieg, Bd. 9/2, Staat und Gesellschaft im Kriege: Die deutsche Kriegsgesellschaft 1939 bis 1945 – Ausbeutung, Deutungen, Ausgrenzung, München 2005.

Ehresmann, Andreas (Hg.): Das Stalag X B Sandbostel. Geschichte und Nachgeschichte eines Kriegsgefangenenlagers, München/Hamburg 2015.

Endres, Rudolf/Fleischmann, Martina: Nürnbergs Weg in die Moderne: Wirtschaft, Politik und Gesellschaft im 19. und 20. Jahrhundert, Nürnberg 1996.

Essner, Cornelia: Die „Nürnberger Gesetze" oder die Verwaltung des Rassenwahns 1933–1945, Paderborn 2002.

Fleischmann, Peter (Hg.): Hitler als Häftling in Landsberg am Lech 1923/24. Der Gefangenen-Personalakt Hitler nebst weiteren Quellen aus der Schutzhaft-, Untersuchungshaft- und Festungshaftanstalt, Neustadt/Aisch 2015.

Frommer, Hartmut/Westner, Kathrin: „Ein Justizcollegium weit schlimmer wie eine Diebsbande". Die Vernichtung von Leo Katzenberger durch das Sondergericht Nürnberg, in: MVGN 85 (1998), S. 315–326.

Gerhard Jochem/Ulrike Kettner (Bearb.): Gedenkbuch für die Nürnberger Opfer der Shoa, Nürnberg 1998.

Gerstenberg, Günther: Sozialistische Arbeiterjugend (SAJ), 1922–1933, publiziert am 13.07.2006; in: Historisches Lexikon Bayerns, URL: https://www.historisches-lexikon-bayerns.de/Lexikon/Sozialistische_Arbeiterjugend_(SAJ),_1922-1933 (25.01.2021).

Gerstenberg, Günther: Zweites Arbeiter-Turn- und Sportfest, Nürnberg, 18.–21. Juli 1929, publiziert am 13.07.2006; in: Historisches Lexikon Bayerns, URL: https://www.historisches-lexikon-bayerns.de/Lexikon/Zweites_Arbeiter-Turn-_und_Sportfest,_Nürnberg,_18.-21._Juli_1929 (25.01.2021).

Gregor, Neil: Haunted City. Nuremberg and the Nazi Past, New Haven/London/Yale 2008.

Gruber, Lilli: Das Erbe. Die Geschichte meiner Südtiroler Familie, München 2013.

Hambrecht, Rainer: Die braune Bastion: Der Aufstieg der NSDAP in Mittel- und Oberfranken (1922–1933), Petersberg 2017.

Hambrecht, Rainer: Die Brücke Franken. Franken – eine entscheidende Station auf Hitlers Weg von München nach Berlin, in: Hambrecht, Rainer/Mück, Wolfgang/Kett, Siegfried, Glaser/Hermann (Hg.): Das braune Franken. Hitlers Weg von München nach Berlin. Reihe Buchfranken 8 (2017), S. 9–38.

Hammermann, Gabriele/Riedle, Andrea (Hg.): Der Massenmord an den sowjetischen Kriegsgefangenen auf dem SS-Schießplatz Hebertshausen 1941–1942, Göttingen 2020.

Hammermann, Gabriele: Zwangsarbeit für den „Verbündeten". Die Arbeits- und Lebensbedingungen der italienischen Militärinternierten in Deutschland 1933–1945, Tübingen 2002.

Hanschel, Hermann: Oberbürgermeister Hermann Luppe: Nürnberger Kommunalpolitik in der Weimarer Republik (Nürnberger Forschungen 21), Nürnberg 1977.

Hänschen, Steffen: Das Transitghetto Izbica im System des Holocaust, Berlin 2018.

Herz, Rudolf: Hoffmann und Hitler. Fotografie als Medium des Führer-Mythos, München 1994.

Heyden, Thomas: „Mit Doppel-F": Ludwig und Franz Ruff, in: Akademie der Bildenden Künste in Nürnberg (Hg..): Geartete Kunst – Die Nürnberger Akademie im Nationalsozialismus, Nürnberg 2012, S. 184–200.

https://de.wikipedia.org/wiki/Der_König_der_Löwen_(1994) (25.01.2021)

https://www.nuernberg.de/internet/menschenrechte/ (20.01.2021)

https://www.statistik-des-holocaust.de/

Hübschmann, Ekkehard: Die Deportation von Juden aus Franken nach Riga, in: Frankenland. Zeitschrift für fränkische Landeskunde und Kulturpflege 56 (2004) 5, S. 344–369.

Janetzko, Maren: *Arisierungen* in Nürnberg – ein Überblick, in: Henkel, Matthias/Dietzfelbinger, Eckart (Hg..) Entrechtet. Entwürdigt. Beraubt. Die *Arisierung* in Nürnberg und Fürth. Ausstellungskatalog Dokumentationszentrum Reichsparteitagsgelände Nürnberg. Petersberg 2012, S. 41–55.

Jochem, Gerhard: Feind bleibt Feind! Kriegsgefangene in Nürnberg 1939–1945, in: Mitteilungen des Vereins für Geschichte der Stadt Nürnberg 93 (2006), S. 227–298.

Karl, Michaela: „Ich blätterte gerade in der Vogue, da sprach mich der Führer an." Unity Mitford. Eine Biographie, München 2018.

Katheder, Doris/Weiß, Matthias (Hg.): Jenseits der Faszination? Die Ausstellung zum Nationalsozialismus in der Nürnberger Zeppelintribüne 1984–2001. Mit Fotos von Regina Maria Suchy, Würzburg 2013.

Keller, Rolf: Sowjetische Kriegsgefangene im Deutschen Reich 1941/42. Behandlung und Arbeitseinsatz zwischen Vernichtungspolitik und kriegswirtschaftlichen Zwängen, Göttingen 2011.

Kießling, Friedrich/Schöllgen, Gregor (Hg.): Bilder für die Welt. Die Reichsparteitage der NSDAP im Spiegel der ausländischen Presse, Köln/Weimar/Wien 2006.

Knigge, Volkhard/Lüttgenau, Rikola-Gunnar/Wagner, Jens-Christian (Hg.): Zwangsarbeit. Die Deutschen, die Zwangsarbeiter und der Krieg. Begleitband zur internationalen Wanderausstellung der Stiftung Gedenkstätten Buchenwald und Mittelbau-Dora, Weimar 2010.

Kramer, Helmut/Uhl, Karsten/Wagner, Jens-Christian (Hg.): Zwangsarbeit im Nationalsozialismus und die Rolle der Justiz. Täterschaft, Nachkriegsprozesse und die Auseinandersetzung um Entschädigungsleistungen, Nordhausen 2007.

Kuchler, Christian (Hg.): NS-Propaganda im 21. Jahrhundert. Zwischen Verbot und öffentlicher Auseinandersetzung, Köln 2014.

Kuller, Christiane/Drecoll, Axel: Inszenierter Volkszorn, ausgebliebene Empörung und der Sturz Julius Streichers. Reaktionen auf die wirtschaftliche Ausplünderung der Juden, in: Sabrow, Martin (Hg.) Skandal und Diktatur. Formen öffentlicher Empörung im NS-Staat und in der DDR, Göttingen 2004, S. 77–101.

Kuller, Christiane: Der Führer in fremden Welten. Das Star-Wars Imperium als historisches Lehrstück, in: Zeithistorische Forschungen/Studies in Contemporary History, Online-Ausgabe, 3 (2006) 1, URL: https://zeithistorische-forschungen.de/1-2006/4573 (25.01.2021).

Kunsthalle Nürnberg (Hg.): Das Gelände, Nürnberg 2008.

KZ-Gedenkstätte Flossenbürg (Hg.): Konzentrationslager Flossenbürg 1938–1945, Göttingen 2008.

Leßau, Hanne (Hg.): Das Reichsparteitagsgelände im Krieg. Gefangenschaft, Zwangsarbeit und Massenmord, Petersberg 2021.

Lilla, Joachim: Staatsminister, leitende Verwaltungsträger und (NS-)Funktionsträger in Bayern 1918 bis 1945, URL: https://verwaltungs-handbuch.bayerische-landes-bibliothek-online.de

Luppe, Hermann: Mein Leben (Quellen zur Geschichte und Kultur der Stadt Nürnberg 10), Nürnberg 1977.

Mai, Uwe: Kriegsgefangen in Brandenburg. Stalag III A in Luckenwalde 1939–1945, Berlin 1999.

May, Herbert (Hg.): Zwangsarbeit im ländlichen Franken 1939–1945, Bad Windsheim 2008.

Metzger, Pascal: Dutzendteich: Nürnbergs Freizeitareal, Nürnberg 2018.

Müller, Arnd: Geschichte der Juden in Nürnberg 1146–1945 (Beiträge zur Geschichte und Kultur der Stadt Nürnberg 12), Nürnberg 1968.

Munzinger Online/Personen – Internationales Biographisches Archiv, URL: http://www.munzinger.de

Museen der Stadt Nürnberg (Hg.): Faszination und Gewalt. Dokumentationszentrum Reichsparteitagsgelände Nürnberg, Nürnberg 2006.

Ogan, Bernd/Weiß, Wolfgang W. (Hg.): Faszination und Gewalt. Zur politischen Ästhetik des Nationalsozialismus, Nürnberg 1992.

Otto, Reinhard/Keller, Ralf/Nagel, Jens: Sowjetische Kriegsgefangene in deutschem Gewahrsam 1941–1945. Zahlen und Dimensionen, in: Vierteljahreshefte für Zeitgeschichte 56 (2008) 4, S. 557–602.

Otto, Reinhard: Wehrmacht, Gestapo und sowjetische Kriegsgefangene im deutschen Reichsgebiet 1941/42, München 1998.

Paul, Gerhard/Mallmann, Klaus-Michael (Hg.): Die Gestapo im Zweiten Weltkrieg. „Heimatfront" und besetztes Europa, Darmstadt 2000.

Literaturauswahl

Paul, Gerhard: Aufstand der Bilder. Die NS-Propaganda vor 1933, Bonn 1990.

Peters, Sebastian: Heinrich Hoffmann. Verlag nationalsozialistischer Bilder, publiziert am 27.11.2019; in: Historisches Lexikon Bayerns, URL: http://www.historisches-lexikon-bayerns.de/Lexikon/Heinrich_Hoffmann._Verlag_nationalsozialistischer_Bilder (18.02.2021)

Radlmaier, Dominik: Die lokale Machtübernahme in Nürnberg, in: Sauer, Christine (Hg.): „Für den deutschen – wider den undeutschen Geist". Von verbotener und regimekonformer Literatur im „Dritten Reich" (BCN Materialien – Ausstellungskatalog der Stadtbibliothek 106), Nürnberg 2013, S. 10–15.

Radlmaier, Dominik: Die Süßheims in Nürnberg. Geschichte der Familie und ihrer Sammlungen von den Gründerjahren bis in die NS-Zeit, in: Diefenbacher, Michael (Hg.): Die Süßheims. Unternehmer, Politiker, Wissenschaftler, Sammler (Quellen und Forschungen zur Geschichte und Kultur der Stadt Nürnberg 39), Nürnberg 2018, S. 55–197.

Radlmaier, Steffen/Zelnhefer, Siegfried: Tatort Nürnberg. Auf den Spuren des Nationalsozialismus, Cadolzburg 2002.

Rheinisches JournalistInnenbüro, Recherche International e.V. (Hg.): Unsere Opfer zählen nicht. Die Dritte Welt im Zweiten Weltkrieg, Berlin/Hamburg 2005.

Rohkrämer, Thomas: Die fatale Attraktion des Nationalsozialismus. Über die Popularität eines Unrechtsregimes, Paderborn 2013.

Sanden, Erika: Das Kriegsgefangenenlager Nürnberg-Langwasser. 1939–1945, Nürnberg 1993.

Sarkowicz, Hans: „Nur nicht langweilig werden ..." Das Radio im Dienst der nationalsozialistischen Propaganda, in: Heidenreich, Bernd/Neitzel, Sönke: Medien im Nationalsozialismus, Paderborn 2010, S. 205–234.

Schäfer, Anette: Zwangsarbeit in den Kommunen. „Ausländereinsatz" in Württemberg 1939–1945, in: Vierteljahreshefte für Zeitgeschichte 49 (2001) 1, S. 53–75.

Schmidt, Alexander (Hg.): Das Gelände. Dokumentation. Perspektiven. Diskussion. 1945–2015, Petersberg 2015.

Schmidt, Alexander: Das Reichsparteitagsgelände in Nürnberg, Nürnberg 2017.

Schmidt, Alexander: Kultur in Nürnberg 1918–1933: Die Weimarer Moderne in der Provinz, Nürnberg 2005.

Schmidt, Alexander: Weder braun noch schwarz. Tourismus auf dem ehemaligen Reichsparteitagsgelände, in: Quak, Hans-Dieter/Steinecke, Albrecht (Hg.): Dark Tourism. Faszination des Schreckens, Paderborn 2012, S. 171–191.

Schödel, Jutta: Die Russenwiese. Unveröff. Manuskript, Nürnberg 2015.

Schott, Herbert: Die ersten drei Deportationen mainfränkischer Juden 1941/42, in: Generaldirektion der Staatlichen Archive Bayerns (Hg.): Wege in die Vernichtung. Die Deportation der Juden aus Mainfranken 1941–1943, München 2003, S. 73–166.

Schott, Herbert: Filmaufnahmen der Judendeportationen aus Nürnberg 1941/42, in: Mitteilungen des Vereins für Geschichte der Stadt Nürnberg 98 (2011), S. 311–366.

Schott, Herbert: Julius Streicher und seine Bezeichnung als „Frankenführer", in: Jahrbuch für Fränkische Landesgeschichte 76 (2016), S. [277]–320.

Schul- und Kulturreferat der Stadt Nürnberg/Centrum Industriekultur (Hg.): Arbeitererinnerungen, Nürnberg 1984.

Schulz, Sonja M.: Der Nationalsozialismus im Film. Von Triumph des Willens bis Inglourious Bastards, Berlin 2012.

Seiderer, Georg: Nürnberg – die „Stadt der Reichsparteitage". Selbstinszenierung einer Großstadt im „Dritten Reich" (1933–1939), in: Mayrhofer, Fritz/Oppl, Ferdinand (Hg.): Stadt und Nationalsozialismus (Beiträge zur Geschichte der Städte Mitteleuropas XXI), Linz 2008, S. 311–340.

Shirer, William: Berliner Tagebuch, Leipzig 1994.

Shirer, William: The Rise And The Fall of the Third Reich, London 1998.

Sonnenberger, Franz: Faszination und Gewalt. Leitlinien für die Konzeption der neuen Dauerausstellung des Dokumentationszentrums Reichsparteitagsgelände, in: Museen der Stadt Nürnberg (Hg.): Die Zukunft der Vergangenheit. Wie soll Geschichte des Nationalsozialismus in Museen und Gedenkstätten im 21. Jahrhundert vermittelt werden?, Nürnberg 2000, S. 87–100.

Sösemann, Bernd: Das Medium „Fest" und seine kommunikationshistorische Bedeutung, o.J., URL: http://web.fu-berlin.de/akip/#aufsaetze (08.03.2021)

Stadt Nürnberg (Hg.): Rund um den Dutzendteich. Eine Nürnberger Stadtlandschaft im Wandel der Zeit, Nürnberg o.J. (2001).

Stadtarchiv Nürnberg (Bearb.): Schicksal jüdischer Mitbürger in Nürnberg 1933–1945, Nürnberg 1985.

Steuwer, Janosch: Das „Volk" vorzeigen: Die Reichsparteitage und die populistische Legitimation des Nationalsozialismus, in: Beigel, Thorsten/Eckert, Georg (Hg.): Populismus. Varianten von Volksherrschaft in Geschichte und Gegenwart, Münster 2017, S. 192–206.

Steuwer, Janosch: Was meint und nützt das Sprechen von der „Volksgemeinschaft"? Neuere Literatur zur Gesellschaftsgeschichte des Nationalsozialismus, in: Archiv für Sozialgeschichte 53 (2013), S. 487–534.

Studt, André/Schweneker, Claudia (Hg.): SchattenOrt: Theater auf dem Nürnberger Reichsparteitagsgelände. Ein Monument des NS-Größenwahns als Lernort und Bildungsmedium, Bielefeld 2013.

Süß, Dietmar: „Ein Volk, ein Reich, ein Führer". Die deutsche Gesellschaft im Dritten Reich, München 2017.

Täubrich, Hans-Christian (Hg.): Die Kongresshalle Nürnberg. Architektur und Geschichte, Petersberg 2014.

Täubrich, Hans-Christian (Hg.): Memorium Nürnberger Prozesse. Die Ausstellung, Nürnberg 2011.

Thamer, Hans-Ulrich: Politische Rituale und politische Kultur im Europa des 20. Jahrhunderts, in: Urban, Claus/ Engelhardt, Joachim (Hg.): Wirklichkeit im Zeitalter ihres Verschwindens, Münster 2000, S. 148–172.

Tobias, Jim G.: „… und wir waren Deutsche!" Jüdische Emigranten erinnern sich, Nürnberg 2009.

Urban, Markus: Die inszenierte Utopie. Zur Konstruktion von Gemeinschaft auf den Reichsparteitagen der NSDAP, in: Schmiechen–Ackermann, Detlef (Hg.): „Volksgemeinschaft": Mythos, wirkungsmächtige soziale Verheißung oder soziale Realität im „Dritten Reich"? Zwischenbilanz einer kontroversen Debatte, Paderborn u.a. 2012, S. 135–158.

Urban, Markus: Die Konsensfabrik. Funktion und Wahrnehmung der NS-Reichsparteitage 1933–1941, Göttingen 2007.

Wager, Melanie: „Nirgendwo ist unsere […] Verfemung schlimmer und untragbarer als in Franken". Das Hetzblatt „Der Stürmer", in: Bildungsbüro der Stadt Nürnberg (Hg.) Menschenrechtslesebuch, Nürnberg 2014, S. 142–150.

Wager, Melanie: Der Stürmer und seine Leser – ein analoges (a-)soziales Netzwerk. Dissertation Friedrich-Alexander-Universität Erlangen-Nürnberg 2020, in Druck.

Wildt, Michael: Volksgemeinschaft als Selbstermächtigung. Gewalt gegen Juden in der deutschen Provinz 1919 bis 1939, Hamburg 2007.

Winkler, Heinrich August: Die deutsche Gesellschaft der Weimarer Republik und der Antisemitismus – Juden als „Blitzableiter", in: Benz, Wolfgang/Bergmann, Werner: Vorurteil und Völkermord. Entwicklungslinien des Antisemitismus, Freiburg/Breisgau 1997, S. 341–362.

Wodin, Natascha: Die gläserne Stadt, Cadolzburg 2017.

Zelnhefer, Siegfried: Deutscher Tag, Nürnberg, 1./2. September 1923, publiziert am 28.08.2006; in: Historisches Lexikon Bayerns, URL: https://www.historisches-lexikon-bayerns.de/Lexikon/Deutscher_Tag,_Nürnberg,_1./2._September_1923 (25.01.2021).

Zelnhefer, Siegfried: Die Reichsparteitage der NSDAP, Nürnberg 2002.

Zelnhefer, Siegfried: Willy Liebel, Oberbürgermeister der „Stadt der Reichsparteitage Nürnberg", in: Jahrbuch für Fränkische Landesgeschichte 60 (2000), S. 660–680.

Zinke, Peter: „An allem ist Alljuda schuld". Antisemitismus während der Weimarer Republik in Franken, Nürnberg 2009.

Impressum Ausstellung

Nürnberg – Ort der Reichsparteitage.
Inszenierung, Erlebnis und Gewalt

Interimsausstellung des Dokumentations-
zentrums Reichsparteitagsgelände
Laufzeit 2021 bis 2023
Große Ausstellungshalle

Leitung Dokumentationszentrum
Reichsparteitagsgelände
Florian Dierl M.A.

Projektleitung
Dr. Martina Christmeier,
Dr. Melanie Wager
(Dokumentationszentrum
Reichsparteitagsgelände, Nürnberg)

Kuratorinnen
Dr. Martina Christmeier, Nina Lutz M.A.,
Dr. Melanie Wager
(Dokumentationszentrum
Reichsparteitagsgelände, Nürnberg)

Wissenschaftliche Mitarbeit
Dr. Astrid Betz, Dr. Alexander Schmidt
(Dokumentationszentrum
Reichsparteitagsgelände, Nürnberg)
Sebastian Peters M.A. (Institut
für Zeitgeschichte, München-Berlin)

Projektassistenz
Silvia Karg (Dokumentationszentrum
Reichsparteitagsgelände, Nürnberg)

Gestaltung
Architektur: Rainer Lendler
(Lendler Ausstellungsarchitektur, Berlin)
Grafik (Ausstellung, Katalog, Außenraum):
Jenny Hasselbach (Rimini Berlin)
Mediendesign („Topografie im Wandel",
Projektionen, Medienstationen):
Jens Wunderling, Patrick Kochlik,
Jan Scheffel (SYNTOP, Berlin)

Konservatorische Betreuung
Papier: Annette Schubert (Handbuch –
Atelier für Papiergestaltung, Nürnberg)
Textil: Maria Ellinger-Gebhardt
(Textilrestauratorin, Nürnberg)
Modell: Markus Honka (NEOOS GmbH
Innenarchitektur + Modellbau, Nürnberg)

Künstlerische Beratung/Audio-Bearbeitung
Sebastian Tröger (Dokumentationszentrum
Reichsparteitagsgelände, Nürnberg)

Zeichnungen
Hamed Eshrat (Berlin)

Übersetzungen
Fiona Haberland M.A., Dr. John Jenkins
(Nürnberg)

Produktion und Aufbau
Messebau Wörnlein (Nürnberg)
Lenticular: Vogt Spezialdruck GmbH
(Hessisch Lichtenau)

Objekteinrichtung/-montage
Anette Schubert (Handbuch –
Atelier für Papiergestaltung, Nürnberg)

Medien- und Elektroinstallation/
Licht, Logistik
Panagiotis Georgakopoulos,
Tobias Richter, Armin Seubold
(Dokumentationszentrum
Reichsparteitagsgelände, Nürnberg)

Schreinerarbeiten Sitzstufen
Herbert Einrichtungsbau (Nürnberg)

Presse- und Öffentlichkeitsarbeit
Dr. Martina Christmeier
(Dokumentationszentrum
Reichsparteitagsgelände, Nürnberg)
Tanja Heider M.A.,
Birgit Hohenstein M.A.
(Museen der Stadt Nürnberg)

Bildungsangebot/Begleitveranstaltungen
Dr. Astrid Betz (Dokumentationszentrum
Reichsparteitagsgelände, Nürnberg)

Wir danken besonders dem Stadtarchiv
Nürnberg sowie den anderen in der
Ausstellung genannten Archiven,
Agenturen, Fernsehanstalten und
Instituten, den Ämtern und Dienststellen
der Stadt Nürnberg, den externen Kolle-
ginnen und Kollegen, insbesondere
Dr. Hanne Leßau, sowie Privatpersonen,
Familien und Fotografen für die freundliche
Unterstützung bei der Realisierung dieser
Ausstellung.
Trotz sorgfältiger Recherchen ist es
nicht in allen Fällen gelungen, die Rechte-
inhaber der Abbildungen zu ermitteln.
Die Projektleitung bittet gegebenenfalls
um Mitteilung.

Impressum Katalog

1. Auflage 2021

© Dokumentationszentrum
Reichsparteitagsgelände

Verlag
Michael Imhof Verlag Gmbh & Co KG
Stettiner Straße 25, 36100 Petersberg
www.imhof-verlag.de

Herausgeber
Dr. Martina Christmeier, Dr. Melanie Wager
(Dokumentationszentrum
Reichsparteitagsgelände, Nürnberg)

Konzept und Redaktion
Dr. Martina Christmeier, Nina Lutz M.A.,
Dr. Melanie Wager (Dokumentations-
zentrum Reichsparteitagsgelände,
Nürnberg)

Projektassistenz
Silvia Karg (Dokumentationszentrum
Reichsparteitagsgelände, Nürnberg)

Grafik
Jenny Hasselbach (Rimini Berlin)

Druck
Schleunungdruck GmbH (Marktheidenfeld)

ISBN
978-3-7319-1143-2

Wir danken der Stiftung zur Unterstützung
des Dokumentationszentrums Reichsparteitagsgelände für die großzügige
Unterstützung bei der Realisierung des
Katalogs.